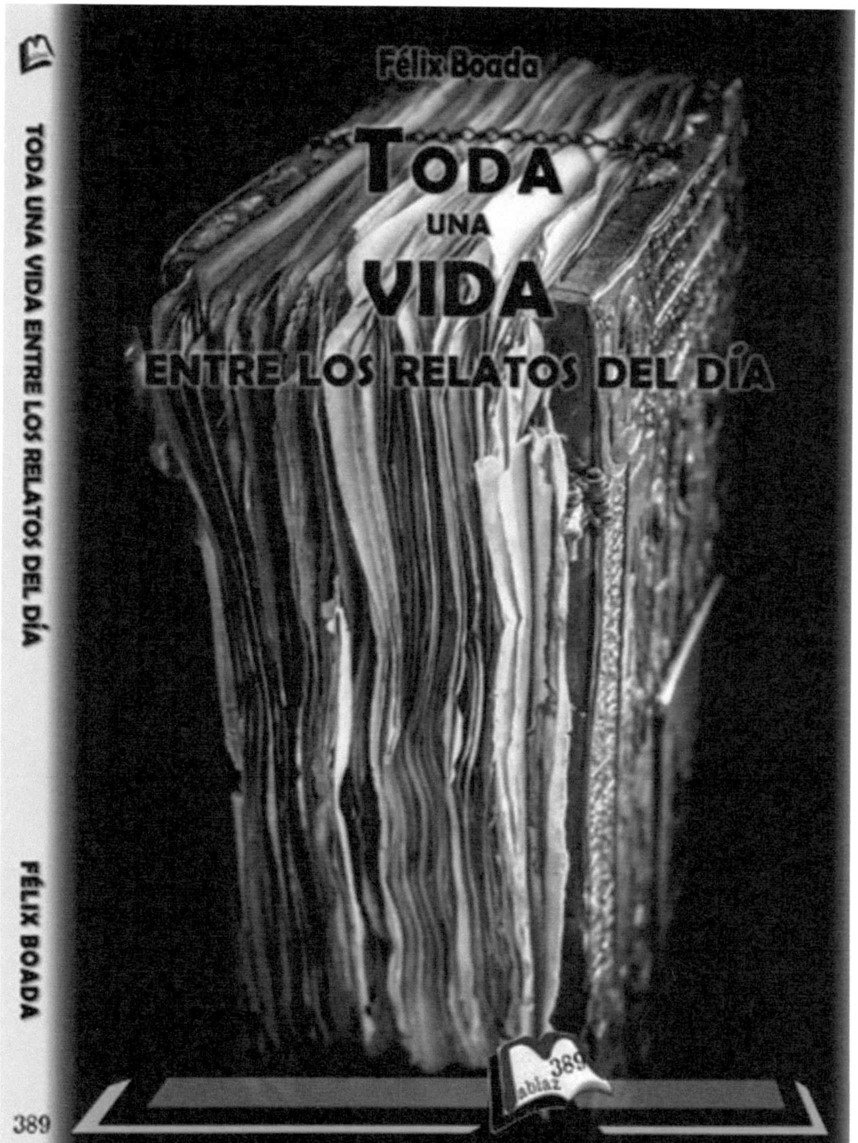

Félix Boada

TODA
UNA
VIDA
ENTRE LOS RELATOS DEL DÍA

Toda una vida entre los relatos del día
Primera Edición, febrero de 2025

© Libros Mablaz, Madrid, 2025
www.librosmablaz.com

© Félix Boada

blogs:
Editorial Libros Mablaz
http://editoriallibrosmablazycienciaficcion.blogspot.com.es/
Ciencia ficción y fantasía en Libros Mablaz:
http://mablazlibros.blogspot.com.es/
Introducción a las obras de Libros Mablaz:
http://librosmablazextractos.blogspot.com.es/
Libros Mablaz en Facebook:
https://www.facebook.com/groups/530547690292189/
Tu Librería en Casa:
https://www.facebook.com/TuLibreriaEnCasa
Librería Crisis–Neogénesis:
http://www.todocoleccion.net/neog%C3%A9nesis_vendedorTC

Diseño de cubiertas: David James Skinner

ISBN: 979-13-990036-0-4
Depósito Legal: M-5450-2025

LIBROS MABLAZ - 390

TODA UNA VIDA ENTRE LOS RELATOS DEL DÍA

Félix Boada

Introducción

Doy curso a esta recopilación de mis relatos y escritos más o menos atractivos a lo largo de mi existencia cultural y literaria, seguramente alguno de los relatos o escritos de mi juventud se habrán traspapelado pues son muchos los años transcurridos desde que les inicié en mi tierna juventud cuando aprendí a escribir más o menos lo normal para entenderse, hasta hoy, seguramente algún poso literario habrá quedado de lo aprendido a lo largo de la evolución de mi vida.

Los referidos escritos los empecé guardando en mis portafolios y en las numerosas libretas de anillas por la inercia de coleccionar mis palabras escritas. Ya en mis últimos años de servicio laboral y activo los escritos les guardaba en los archivos de mi ordenador personal o los copiaba para no perderlos en los llamados lápices de memorias, o los USB.

A bien seguro que estos relatos literarios son sencillos de leer y de entender pues hay que tener en cuenta que están escritos a lo largo de mi evolución cultural y de madurez como persona. Yo puse en cada uno de ellos (mis relatos) todo mi esmero en escribirlos y plasmar todas mis ideas o mis mejores fantasías con una trayectoria literaria y una cultura que iba madurando supongo que, a mejor socialmente y así lo demuestro. Tengo que advertir al lector que mis padres, ninguno de los dos sabía leer ni escribir.

Espero que la lectura de algunos de estos relatos sea entretenida e interesantes, otros quizás no tanto para un lector anónimo, prevengo que los hay de todo tipo y de modelos literarios como cabe suponer, con esa intención están escritos, para leer y memorizar los viejos recuerdos escritos.

Por otro lado, al principio de cada uno de los relatos recopilados y numerados desde el número 1 al 34 intentaré describir brevemente alguno de los motivos por lo que fueron escritos y las situaciones personales por lo que fueron redactados y guardados estos sencillos trazos en forma de relatos o porque no, también transcribir algunas crónicas documentadas en el tiempo por mí, para conformar un libro con el conjunto de todos ellos.

Relato número 1

Con motivo de las fiestas en la escuela profesional en la cual yo estudiaba como adulto, en régimen y horario de tarde se hizo un concurso literario abierto y de tema libre a todos los alumnos del Centro Profesional Virgen de la Calle en Palencia. La idea surgió por casualidad en una de las clases teóricas y obligatorias de literatura y lengua del curso de formación profesional, la impartía el profesor Fidel González. Eran mis primeros pinitos escribiendo y finalmente resultó ser elegido y premiado por su originalidad y anticipando en el tema, un modelo futurista de los estudios profesionales. Fue publicado con el propósito de invitar a la literatura y animar culturalmente en las fiestas anuales de San Juan Bosco el 31 de enero del año 1983 en la revista del mismo Centro, la llamada Nueva Forja.

DÍA X DE LA FORMACIÓN PROFESIONAL

Amanece un día cualquiera del año 2013. Me despierta un sistema programado a un órgano central de múltiples microprocesadores, que entre sus numerosas cualidades tiene la misión de emitir un sonido galáctico y vibraciones eléctricas de baja intensidad y alta frecuencia, impulsando mis neuronas en ordenación hacia todos los nervios del cuerpo para que estos se relajen y estiren de su merecido sueño e inicien un compacto día.

Mientras degusto mi desayuno a base de proteínassintéticas, pulso mi ordenador personal como todas las mañanas y él, como parte integrante de la familia, me repite con su voz peculiar todas mis actividades para hoy programadas. Mecánicamente tomo nota de sus órdenes, que sin duda cumplo, pues es mi convidado y conmigo acude a todos los lugares. Tenemos tal compenetración el artilugio y yo, que forma parte de mi conciencia electrónica.

Salgo al espacio, donde me espera el aerobús que me traslada con la rapidez de un rayo láser hacia mi puesto de estudiante (D. T. E.) en el departamento Técnico de Especialistas. Hoy, pienso para mí: ¡es un día estupendo! Tengo las asignaturas que más me agradan, matemáticas integradas y control e investigación de robótica técnica. Mi copiloto de bolsillo me anuncia que he llegado puntualmente. El tiempo es importante, hay que aprovecharlo con especial interés y mi capacidad de almacenamiento hay que llenarlo de información, experiencias, análisis, etcétera, para en una fecha próxima distribuir y ocupar un puesto clave para el bien común de esta ciudad, protegida por una gran cúpula formada por un arco voltaico de energía y con unas características (P. S. Permeabilidad Selectiva al 100%).

Mis característicaslingüísticas se proyectan hacia unas células fotosensibles, donde analizadores semánticos ordenan y ceden ante mí las puertas y en seguida se ven caras conocidas, cosas queridas. De inmediato, todo el aparato del saber educativo entra en funcionamiento conectando a una energía múltiple de cambios térmicos, solares y eólicos. Cada uno ocupamos nuestro puesto, ya que estamos seleccionadosjunto con nuestros eruditos profesores para un destino garantizado y deseado.

Las clases teóricas son impartidas por vídeo aula conectadas a (C. U. D. I. D.), Centro Unidades Didácticas Impartidas a Distancia, técnicas pedagógicas, para las prácticas donde manipulamos un robot de programación superior generación 6, con memoria integrada de más de 10.000 Kbyte, construido de plástico compacto y materias de aleación ultraligera. Sus grados de libertad le dan un movimiento articulado, equivalente al 95 % del cuerpo humano.

Transcurre el día, y mi memoria sigue abriendo las puertas a nuevos archivadores sensoriales, los programas se van cumpliendo, minuto a minuto voy absorbiendo toda esa cantidad ingente de nuevos conocimientos, que van haciendo de mí un técnico especial para el futuro.

El día toca a su fin, todo quedo registrado, el sofisticado elemento con mini pilas concentradas de una gran densidad me anuncia: "Misión cumplida".

Félix Boada González
Centro Profesional Virgen de la Calle
Publicado en la revista interna del centro Nueva Forja
Palencia 1983

Relato número 2

Otro nuevo relato que yo mismo escribí en la escuela profesional Virgen de la Calle en Palencia para el concurso literario programado en las fiestas de San Juan Bosco 31 de enero del 1984. La verdad que yo no buscaba los premios del Centro me conformaba con mi participación en la propia cultura como alumno, bien de la asignatura de Literatura que se impartía en el centro, o bien en el desarrollo de un tema sencillo para relajar la mente y la memoria. Incluso al participar en el concurso lo hacía para subir nota en la asignatura obligatoria de Lengua.

DESAFÍO CULTURAL

Después de una jornada apretada y agotadora, donde el esfuerzo por contribuir a la sociedad es sobresaliente, me introduzco en mi hogar apretando botones de comodidad y merecido descanso.

Con placer y sosiego me siento en mi sillón preferido, y con una luz nítida que ilumine mis ideas, las centro coordinándolas, para, en un corto tiempo, plasmarlas en un lenguaje literario, en un sueño liberal. Bajo la atenta intervención de una meditación cotidiana, enfoco un tema de vital trascendencia cultural con un sentido crítico, mucha imaginación y no pocos sueños, a los que voy madurando, dando una forma fantástica, totalmente humana.

Es mi pequeño desafío cultural; necesito leer para instruirme, analizo el porqué de este, mi gran reto cultural y junto con las noticias de la prensa diaria y al lado de mis libros preferidos, enfoco mis respuestas y aclaro mis preguntas.

Dicen que millones de seres humanos mueren de stock cultural. Me trazo una meta con precisión; mi inquietud elabora situaciones de igualdad cultural; mi decisión de forzar el destino para allanar la curva caótica, el abismo existente entre dos mundos directamente opuestos, mi pena es grande al recibir las noticias, aterradoras, indignas de una sociedad hermana, donde todos, sin remisión, tenemos el mismo pasaje para el último destino.

Y, sin embargo, sigue habiendo lamentaciones humanas; sangre, hambre, fatalismo cultural. Todos estamos dentro de este mismo barco, que es la Tierra Madre navegando por el mismo espacio. Y, todos nuestros males vienen, por no amar y respetar la vida del ser humano, por tener privilegios desmesurados, por fanatismos caóticos, por no ser tolerantes, por no amar los indicios del progreso, de la evolución positiva y la cultural.

Tierra enloquecida por los accidentes históricos, por las enfermedades económicas, religiosas y culturales. De la curación de sus males depende nuestra conjunta contaminación y muerte o su desarrollo global y vida.

Tierra en desgracia si la dejamos de lado. Yo desde mi sueño lúcido, modifico la situación y corto el paso a la fatalidad, dejo las ideas de vacaciones y con mi varita mágica paso a la acción dando toques de gracia, cambiando lo malo por lo bueno, desarrollando donde no hay desarrollo.

Hago saltar el relé del atolladero histórico, elaboro un plan globalizado, que formalice los sistemas de educación y reparto por igual las tareas, para que entre la penuria cultural y entre el intelectual exista un camino conocido. Con la capacidad de invención, mi mejor recurso al equipo instruyéndola y por fenómenos de simpatía transformo la época haciendo futuro, creando humanidad y con voluntad orgánica apremiante, lo consigo; un mundo mejor.

Estabilizo las relaciones de la primera célula de la sociedad y como un elemento vivo, la impregno de sabiduría, fomentando la comprensión y esfuerzo mutuo, poniendo en forma cultural con entrenamiento cotidiano a esa juventud sedienta de saber, futuros dirigentes del mañana. Promulgo leyes eficaces que estados competentes y responsables harán cumplir con agrado. Que cambien el símbolo de las armas, por el blanco frescor de la paz y la cultura. Allano la distancia abismal de la tecnología entre los diferentes pueblos y reparto equitativamente las riquezas, con una red global de cooperación, de ayuda mutua y continúa.

Doy especial atención a los profesionales de la enseñanza, dotándoles con el don de enseñar a comprender, de transmitir los conocimientos con estímulo creativo, para que en el mercado cultural afloren siempre en una continua y vital primavera.

Que mi desafío provoque el despertar de políticos dirigentes, médicos sabios, ingenieros eficaces, poetas ilustrados, estudiantes con ansia de saber, obreros tolerantes, campesinos ecológicos y productivos, que todos con ese espíritu humano, en un ambiente socioeconómico y cultural, hagamos patente nuestro recurso más humano y solidario; el desafío cultural.

En esta textura cálida de tranquilidad y sosiego me hundo en un sueño maravillosamente confortable e inacabado...

El soñador.

Félix Boada González
Centro Profesional "Virgen de la Calle"
Revista Nueva Forja F.P.2
Palencia, 1984

Relato número 3

Este nuevo relato lo escribí con motivo de otras fiestas muy diferentes a las del Centro de formación Profesional San Jorge. Estos concursos literarios eran para celebrar en el Grupo de Empresa de Renault Palencia la festividad el día 29 de junio San Pedro y San Pablo. Estas fiestas populares se celebraban todos los años en el verano para animar la participación en las actividades culturales y veraniegas de las piscinas privadas de la asociación deportiva G.E. (llamado el Grupo de Empresa) en la cual yo formaba parte como socio y beneficiario, junto a mi familia.

Se programó un concurso literario abierto y de tema libre a todos los socios, sin distinción de la edad y de género, del citado Grupo de Empresa en Palencia. Mi idea de participar surgió por casualidad leyendo los tablones de anuncios del centro cultural. Eran mis primeros escarceos escribiendo y resultó elegido por el jurado de la asociación como premiado por su novedad y de inmediato fue publicado en la revista del mismo Centro G.E. Renault.

ACAMPADA SOCIAL

El movimiento espiritual de la gran bóveda celeste abre sus puertas paulatinamente, al azul y al delicado sol que transforma, con su tibia luz, la mañana de esta acampada social, compartida y primaveral.

El día está despejado, vigorizante, cargado de oxígeno. El arroyo principal, -nacimiento del río Carrión- discurre por el precipitado y sinuoso valle, el cual, es alimentado por los numerosos manantiales, que de las entrañas de la Tierra Madre entre las grietas profundas y a borbotones, sale un agua cristalina, pura y fría como la nieve, salpicando el remanso de quietud elaborado a través de los muchos años de continuo manar.

Las nieves casi perpetuas en invierno, con sus cercanas y sus escarpadas montañas aseguran un constante flujo del agua, criatura viva de nuestro trascendente río palentino, el Carrión.

La flora y la fauna del valle es rica y variable; agreste en las laderas más inclinadas; verdes y exuberantes en las hondonadas; hayas de mediana altura; avellanos en flor aromática; zarzamoras enmarañadas y punzantes endrinos; tímidos pájaros cantores que nos deleitan entre las espesuras de los arbustos, con sus trinos y melodías.

A lo lejos, entre el camino y el río, viejos chopos sobresalen como paraguas semiabiertos que apuntan hacia el cielo. Sobrevuelan en las altas cumbres los grandes rapaces, acechando con su fina agudeza visual las posibles capturas.

Resaltan en un rellano de la inclinada pendiente, unas tiendas multicolores, formando figuras geométricas, todas ellas orientadas al sur; tres de las cuatro de tipo cúpula, cuyo ensamble conformado por tubos de fibra de vidrio, las hace ligeras y firmes; doble techo de *gore-tex*; tres puntos de ventilación, que hacen de su estancia lugares confortables e íntimos si las condiciones exteriores son adversas. Y, la otra tienda con rasgos de chalé móvil; con doble dormitorio; amplio porche; ventanas laterales y con el suelo recubierto de *P.V.C.* La tienda resulta totalmente adaptada para las grandes reuniones bajo la luna.

Los rayos luminosos del sol a rachas traspasan las tenues entretelas de las primeras tiendas y a sus moradores los va despejando el alba. Asoma Fernando, el marido de Maite, rasga la cremallera de su entrada, aspirando la primera bocanada de aire fresco, provocándole un espasmo convulsivo que lo supera pronto con la diligencia que le caracteriza; es de constitución delgada, ágil como un gamo, siempre dispuesto y tan activo que raya el servilismo, el cual le hace indispensable para la buena marcha del grupo. Con esmero y diligencia, levanta las toscas sillas desparramadas la noche anterior y asegura las mesas a la tierra firme, para acoger el esperado desayuno. Recopila la leña junto a la barbacoa armada con rocas las sedimentarias y quema unas ardientes escobas.

Al pronto por la abertura de otra tienda, sale Andrés con un saludo mañanero y una cordial sonrisa, tiene firme personalidad, inteligente, serio, el más propicio para ser un líder, pues es grande su intento de alentar al máximo la participación de cada uno de sus miembros, reforzando las relaciones y reduciendo las posibles tensiones del grupo.

Tras las cortinas del chalé traslúcido y campestre, Lucía entona una alegre canción popular que, con sus movimientos pausados, vestimenta amplia y las formas redondeadas de su cuerpo, delatan su estado avanzado de gestación, posee un carácter alegre y suave que complementa al de su marido Andrés. Es, en definitiva, la romántica Lucía, que aporta al grupo, esa fragancia y ese toque femenino que nadie como ella sabe hacer.

Al ruido metálico de los cachivaches, salen Juan y Pedro atusándose sus rizados cabellos, unidos por una amistad jovial y amorosa. Tienen un aspecto noble y sano, con un peculiar acento timbrado, sobre todo Juan el más repulido y relamido, suspicaz y quebradizo si su compañero le falta.

Puestos en escena tienen el toque de gracia por sus ideas extravagantes, sus chistes verdes e inagotables, su humor que hace amenas las largas tertulias bajo el viejo roble o cuando nos protege del sol plomizo del mediodía o cuando las noches son tibias junto a la hoguera.

Ya sólo faltan por completar la acampada Luis y Elena, recién casados, aparecen besucones, con pena de haber dejado el lecho mullido y recién compartido, con halagos rebuscados saludan a los presentes y se dirigen a refrescarse hacia el agua cercana, con risitas confidenciales, van distraídos y enamorados.

Por otro lado, al fuerte olor del café negro y al suave dulzor de la manzanilla, acuden todos integrándose al grupo, con el abrazo de la amistad, el respeto mutuo y con un nutritivo desayuno, empieza el día en Fuentes Carrionas.

El sol está expectante, con parsimonia y elegancia, conforma un conjunto mágico al campamento, calentando la tierra parda, marchitando la hoja caduca y haciendo ociosas a las personas humanas que conviven en la acampada.

Después del último chiste de Pedro, concluía mi permanencia y dejo con nostalgia al grupo, pues el tiempo apremia y mi actividad me reclama a otro lugar más lejano.

Fuentes Carrionas, 1982
Félix Boada González

Relato número 4

De nuevo se realizó al año siguiente un nuevo concurso literario en el Grupo de Empresa de Renault Palencia del cual también participé cuyo título fue el siguiente.

LA CIUDAD DE JUSTILANDIA

Era una vez una ciudad ni muy grande ni muy pequeña en la que vivía una comunidad de personas ni muy buenas ni muy malas como es natural. La ciudad referida se llamaba y se llama Justilandia regada por un serpea ante y prolífico río. Sobre la vertiente norte de la ciudad como una barrera ambiental de protección la circunda una serie de montañas con elevadas pendientes y en las laderas más bajas frondosos árboles de hoja perenne. Ya, entre las casas, la carretera que comunica a Justilandia con otras ciudades más lejanas un colorido y rápido tren con su correspondiente trazado vial separa la ciudad en dos mitades de similares competencias.

Entre las gentes adultas del lugar, unas cultivan las tierras, otras trabajan en las industrias y las más numerosas dedican sus horas laborales al Sector Servicio. Es, como bien se dice en el argot industrial una ciudad autónoma e incipiente.

Pero en un tiempo determinado se notó una fuerte preocupación en el ambiente que pedía cambios urgentes de reestructuración económica y social. Justilandia estaba herida por la degradación del medio, se produjo un desequilibrio entre los seres vivos y los recursos, un desajuste entre el sistema social y la Naturaleza que se manifestaba con un importante impacto ambiental, así lo fueron entre otros; cambios bruscos de temperatura, lluvias inesperadas, caudalosas y fuera de estación; sequías pertinaces y mortales; cosechas escasas y con indicios de toxicidad; animales con conductas extrañas o en peligro de extinción y acompañando a los fenómenos desordenados de la naturaleza las acciones violentas y antisociales de los seres humanos de la ciudad.

La capa delgada de la corteza terrestre llamada biosfera sustento y hogar de los seres vivos conocidos de la ciudad de Justilandia sé hacia inhabitable, desequilibrada en recursos para mantener la vida en su justa medida y armonía.

De entre las gentes del lugar surge un hombre de edad mediana con un perfil humano sobrenatural y educativo llamado Salmónidas que viendo el panorama desolador decide poner en marcha un plan de objetivos inmediatos. Primeramente, decide reunir a un grupo de personas comprometidas con la ciudad, con el entorno y con el futuro que sean capaces de transformar el medio ajustando el propio sistema hacia un perfecto equilibrio ambiental. Este grupo se llamaría así mismo Consejo" La Experiencia es la Madre de todas las Ciencias" - EX.MA.CI. -. Ya desde, sus primeras reuniones tenían claro desarrollar un proyecto global encaminado a reestructurar el sistema educativo con posibilidades de mejora, de cambio, capaces de abrazar todas las dimensiones de la vida, del saber y de los conocimientos prácticos para adquirir un conocimiento pleno e integral del medio, incluso de prevenir desde la información.

El Consejo EXMACI acordó por unanimidad desarrollar una asignatura de carácter obligatorio a impartir a todos los niños de Justilandia en edad escolar singulares contenidos que fueran los siguientes:

Conocimiento de los conceptos medio -ambientales; nacimiento, vida, muerte, tiempo, ciclo, ecosistema, cambio climático etcétera.

Estudiar, identificar y analizar todos los problemas ambientales que se produzcan en la ciudad de Justilandia.

Desarrollando las actitudes positivas frente al interés económico y preguntarse; ¿dónde vivimos?; ¿cómo vivimos? y ¿de qué vivimos?

Comprometiéndose activamente en la conservación en la mejora y cuidado del medio ambiente.

Tomar conciencia de que los daños infringidos a la Naturaleza las pagamos con graves consecuencias. La Tierra no perdona nunca.

Valorar las sensaciones contemplando y recreándonos con la belleza estética de los medios naturales.

Se descubrió la vinculación que existe entre el hombre y la Tierra como el hogar de todo ser viviente y percatarse de la estrecha cooperación entre los habitantes de los diferentes pueblos para gestionar, conservar y mejorar el entorno.

Participar ecológicamente en el tratamiento de los residuos reciclando para no perjudicar la corteza terrestre.

Comprender que conservando el medio nos implicamos de forma colectiva, estaremos más sanos, seremos más pacíficos y viviremos en armonía con el medio y con todos los seres vivientes de la Tierra Madre.

El Consejo EXMACI en vista de los primeros resultados obtenidos se dijo que estaban bien, y lo validó. Pero se preguntó cómo educar a las personas que no estaban en edad escolar, que trabajan y viven en la sociedad de la ciudad de Justilandia. Entonces propuso una educación permanente basada en un contenido funcional, lógico y psicológicamente significativo intentando implicar con actividades integrales a los ciudadanos adultos para con una memorización comprensiva, con un código de señales y colores significativos que ayuden, obliguen y aconsejen a seguir una correcta conducta a todos los ciudadanos de Justilandia.

Por otro lado, se preguntaban los congresistas que hacer con los que se salten las normas y causen o puedan causar daño físico o moral a las personas o al medio natural de forma directa y voluntaria. Salmónidas propone al Consejo establecer una serie de penas a los infractores en con un número de tres advertencias, culminando en la última y definitiva con el destierro definitivo del infractor de ciudad de Justilandia.

Con estos principios universales de justicia, de reciprocidad y de igualdad ante el Ecosistema Humano, la ciudad de Justilandia al cabo de unos pocos años se le notó el cambio y cambiaron radicalmente. Salmónidas al frente del Consejo EXMACI vio que era bueno y lo validó.

La ciudad de Justilandia, con sus prudentes habitantes, vivió eternamente feliz y solidaria sus gentes.

El Ciudadano.

Relato número 5

En mi paso por el servicio militar obligatorio en el Cuartel de la Reserva General de Automovilismo de Canillejas, Madrid me quedó este pequeño resumen a modo de diario de unos ejercicios espirituales que se realizaron al margen del servicio militar en Pozuelo de Alcorcón en Madrid. El porque me decidí a realizar este paréntesis de ámbito espiritual y religioso hay que buscarlo en una idea primaria de apartarme de la rutina militar y cambiar de los aires del cuartel en un plazo de lunes a sábado, además estaba financiada en su totalidad la estancia y el alojamiento en Pozuelo de Alarcón de forma gratuita y voluntaria, exclusiva solo para los militares de Madrid.

NOTAS de mis EJERCICIOS ESPIRITUALES

Lunes/martes 7/8 de marzo 1977
Convencido y en parte atraído por una semana de absuelto de nuestro régimen del cuartel me apunto a estos días diferentes.

Eran las once de la mañana cuando llegamos a Pozuelo de Alarcón en autocar directo de nuestro cuartel, Regimiento de la Reserva General de Automovilismo en Canillejas Madrid. Ya en la plaza del Ayuntamiento del pueblo de Pozuelos alcanzo a ver una gran placa con fondo negro y grandes letras blancas que decían: Casa de Ejercicios Espirituales Cristo Rey, regentado por los religiosos jesuitas Sus grandes puertas en hierro enrejado me impresionaron, pero el objetivo iba por otros derroteros; permanecer de lunes a sábado en régimen interno con el fin de intimidar con Dios, meditar y conocer un poco más nuestra desconocida alma descuidada y perjudicada por la realidad del mundo pagano.

Según íbamos llegando nos daban la bienvenida y nos invitaban a rellenar una ficha personal, así como nos asignaban el número de habitación individual número 143 que ocupé hasta el sábado día 12 de marzo.

A largo de la mañana fueron incorporándose los ejercitantes que más o menos lo componíamos, militares de tropa de Madrid, el 50% de la Escuela Politécnica del Ejército futuros especialistas el resto, militares de los Tres Ejércitos, marineros, aviadores, paracaidistas, guerrilleros, ferroviarios, infantes de Tierra, sumamos un total de 132 militares con una edad inferior a los 21 años. Dentro del recinto no se guarda graduación militar y vestíamos libremente con traje de calle salvo 13 jóvenes que vestía con sus respectivos uniformes militares.

La casa inaugurada el 10 de abril de 1954, tiene un estilo neoclásico y su función principal es el de monasterio como así lo indica sus amplios patios separados por una gran capilla central dividida a su vez en dos plantas; capilla inferior y capilla superior. A las capillas tienen acceso los internos desde cualquier punto del patio. Los patios nos recuerdan a los claustros por sus claroscuros penetrantes y adaptados a los calurosos veranos de Madrid.

El monasterio tiene cuatro plantas, en la planta de abajo están los lugares espaciosos, el salón de estar, el grandísimo comedor, sala de conferencias, sala de estudio con su biblioteca, la dirección, todo lo que dirige la obra social del monasterio incluyendo la más pequeña de las capillas. Las plantas superiores con infinidad de pasillos y escaleras que comunican las trescientas habitaciones individuales y la gran capilla central con una gran cruz blanca en su cúspide.

Un corrido y alto muro envuelve todo el conjunto también arropado por unos cuidados jardines, exuberantes en plantas verdosas y variadas y con muchos árboles de hojas perennes.

En el mismo conjunto hay alguna casita dispersa donde se guardan los útiles de jardinería, ciertos animales como dos vacas, tres cerditos, algunos conejos, y ciertas gallinas. La verdad que es poca cosa pero que al ejercitante recrea la vista cuando mira por la ventana. A mí, justo de frente, veo una casita construida en vidrio transparente para los faisanes y un llamativo palomar donde pernoctan un puñado de palomas domésticas y que por el día las cebamos con migas de pan que tras las ventanas y en silencio se las tiramos.

En el jardín hay una serie de senderos comunicados entre sí, destaca el sendero del Santo Vía Crucis con sus catorce estaciones señalados por una sencilla cruz metálica de la altura de un hombre y en su centro un corazón símbolo de la congregación del monasterio y su correspondiente significado de la estación religiosa para hacer más devoto el camino. En algún tramo del trayecto se encuentra alguna imagen en piedra y en la séptima una pequeña gruta con rasgos artificiales imitando a la de gruta de Lourdes. Llegando a la decimocuarta estación se sube por un sendero empinado y que culmina con un gran crucifijo gigante en tosco metal que impresiona su robustez y acabado. Para completar más el recuerdo de la pasión de Cristo al pie de la colina se encuentra el sepulcro de Cristo en piedra, terminando el acto del Vía crucis que se realiza especialmente en Semana Santa y en los retiros espirituales.

Dejando el exterior me centro en mi habitación con el número 143, localizada en la segunda planta muy cerca de la capilla superior y por fuera desde mi ventana toca la pared de la capilla en el patio interior. La primera vez que entro en mi habitación con las prisas tan solo me cambio de ropa aprovechando la hora libre que tenemos antes del silencio total y salgo a toda correr para comprobar mi situación y a charlar socialmente con los compañeros más próximos. Ahora ya en silencio paso y lentamente me fijo y la describo hasta en los detalles más insignificantes pues en ella pasaré las horas más silenciosas de mi permanencia. De frente a la puerta de entrada una amplia ventana que con buena luz da al patio o claustro, a mi izquierda un perchero, un lavabo con su espejo y los útiles de aseo, a la derecha la cama confortable y en plan moderna que la aleja de lo rústico o del tipo monje, en un rincón de la habitación no visible de la ventana un escritorio con su mesa y una silla en madera castellana y un flexo lateral, completa el decorado un gran cuadro del Corazón de María y un alto altavoz que será muy escuchado a lo largo de los días pues nos despierta y nos orienta todas las mañanas y nos aconseja con la voz de los padres en los horarios del programa a realizar; avisos generales, meditaciones particulares, música de ambiente,, etcétera. En realidad, es una sencilla habitación o alcoba de monasterio de pequeñas dimensiones favorable al recogimiento espiritual, a la soledad y al silencio.

Comienza nuestra obra a cargo del padre superior, en una charla iniciadora que nos abre el principio espiritual, la escuchamos en la capilla superior y en lo sucesivo realizaríamos todas las meditaciones en ella con un número no inferior a cuatro diarias.

Más tarde y por primera vez pasamos al comedor para la comida principal y tras una clamorosa bendición de la mesa devoramos la apetitosa comida realizada por manos de mujer, invisibles manos de monjas religiosas que con delicado esmero trabajan sin recibir halagos ni recompensas en la oscuridad, se conforman con cumplir su deber y por amor al prójimo. Bien satisfechos y sin prisas pasamos a la capilla inferior para la visita al santísimo que aprovechamos para dar gracias en soledad y comentar o rezar que es lo más parecido lo hasta ahora vivido.

En nuestro primer tiempo libre que suele ocuparse para la siesta la aprovecho y duermo profundamente algo menos de una hora pues me viene bien para descansar y estar despierto a lo largo de la tarde. Me despierta una música que sale de los altavoces cantada por un coro celestial de las monjitas de la congregación y me levanto como un resorte para obedecer las siguientes indicaciones del tutor. Nos manda pasar a la capilla y dentro de ella ensayamos unos cánticos religiosos y una meditación mística que al terminar la completamos en la habitación, guiados por la voz en los altavoces del padre francés.

Las charlas y las meditaciones que no imparten a los ejercitantes se las reparten entre los tres responsables de los ejercicios y son: Pedro Cura que es el padre superior; Claudio llamado el francés quizá por su formas liberales y sencillas el más aceptado por todos; y el padre Navarro con su pelo blanco. Ayudan y auxilian en las labores pastorales más sencillas los tres hermanos y tres novicios de la congregación conyugal con dedicación y con acierto.

Transcurren los dos primeros días con mucha tranquilidad y sosiego, me adapto al cambio sin prisas y observando todas las ceremonias tan diferentes a la vida militar. Es en la noche cuando el silencio apremia y en la soledad de la habitación cuando me siento más iluminado que aprovecho para gozar pensando, leyendo y escribiendo con absoluta tranquilidad, libertad y sinceridad, y como estoy de retiro me examino de lo que voy avanzando y realizando los ya pasados lunes y martes. El lunes a última hora escribo extensamente a Elena y hoy martes me lie a preparar exámenes de conciencia para realizar una confesión general y estar más cercano a mi puesto de buen cristiano. Termino el martes con las oraciones acostumbradas de pedir por la familia, hoy 8 de marzo es el cumpleaños de mi padre, los que me rodean y los más pobres, por mí mismo y mis sentimientos ideales, por mi futuro.

Miércoles 9 de marzo.

Antes de la hora de llamada me desperté, sentía alegría por el nuevo día. Las rendijas de la ventana dejaban pasar levemente los rayos de sol mañaneros y escuchaba los cantos de pájaros domésticos que tan gratos son si estas alegre. Así divagando en mis pensamientos escucho por el altavoz la diana floreada, sonaba a gloria. Sólo unos segundos la escucho y salto de la cama como un resorte viviente, me inclino en el reclinatorio y rezo al Señor, ofrezco el día y doy las gracias por la nueva luz que aparece más esbelta y luminosa que nunca, estoy contento, especial recordatorio a la Virgen y a mi lejana y amiga íntima. Estos simples instantes son los suficientes para llamarlos "el minuto heroico". Estoy tan alegre y despejado que hasta practico un poco de gimnasia; 10 o 12 ejercicios me llenan los pulmones de aire y vigor, la música de fondo sigue por el altavoz hasta completar los veinte minutos suficientes para todo esto y el aseo personal.

Tras el tiempo completado tocan el timbre de llamada y entramos en la capilla para en conjunto ofrecer el día, con nuestras obras positivas al Señor. Continuamos con una fecunda meditación sobre los diez mandamientos y las virtudes teologales que la dirige el padre llamado Francés con un tiempo aproximado de hora y cuarto. Después un alto en el camino se aprovecha para el desayuno y un leve descanso, y como siempre en profundo silencio. Posteriormente proseguimos con otra meditación comandada por el padre Navarro y se trata del sacramento de la penitencia, no exhorta a prepararla y planificarla con delicadeza. Así mismo estoy deseando que acabe la homilía para realizarla y se hace de forma grandiosa, general, masiva con muchos *paters* de otros regimientos, en todos los rincones hay un recogimiento y confesión. Yo desde una esquina observo contemplativo la escena con ánimo de participar en el sacramento, con curiosidad veo desfilar a los soldados vestidos de civil como se acercan y se confiesan sin muchos nervios aparentes algunos incluso con humildad, otros con mucha soltura y algunos puede que incluso se salten la penitencia. Yo me recojo con arrepentimiento, reflexión y casi de los últimos me acerco al padre confesor, en principio con nervios que se me pasa pronto al acercarme y empezar la confesión con mucha tranquilidad. Terminada me siento muy dichoso y limpio, casi insignificante la humillación de la confesión. Me siento amigo del Señor y le hablo con más confianza libre de una carga inútil que pesa como la conciencia. Sólo soy capaz de mirar al sagrario con alegría durante unos instantes.

La despedida del recinto y del conjunto monasterial, además de los compañeros de los ejercicios espirituales fue rápida y triste. La verdad que tampoco hubo gran comunicación ni relaciones entre nosotros por el régimen de silencio impuesto a los internos. El autocar militar nos alejó de Pozuelo de Alarcón sin prisas y nos llevó a nuestros respectivos cuarteles o residencias habituales, jamás volví atrás la mirada.

Era el mes de marzo del año 1977.

Relato número 6

Breve relato escrito en la UNED de Palencia con motivo y la celebración de sus 25 años de su fundación de la ciudad y sede de Palencia. Fue publicado el presente escrito en el libro conmemorativo de la Universidad 25 años de su fundación y así quedó justificado para los buenos recuerdos futuros de mis largos años estudiando en la universidad, léase UNED.

EN EL FONDO DEL CAMINO

Mi entrada en la UNED. Se dio por una serie de circunstancias peculiares que en su día eran bastante comunes para una persona con inquietudes de aprender y de mejorar culturalmente hablando, hoy divergen hacia un colectivo más joven y con otras necesidades culturales y ocupacionales de trabajo, de profesión.

A continuación, relato mi experiencia escrita que no deja de tener su carácter original y ser trascendente para atesorar los recuerdos y así ser publicado.

En un principio me fui trazando metas fáciles en mi acceso a la UNED. (Universidad Nacional Educación a Distancia). Lo comparo al igual que un corredor de fondo que planifica sus entrenamientos en base a su preparación física con una serie de métodos específicos y técnicos, siempre de menos a más, así es como fijé mis objetivos iniciales en la UNED. Todo ello bajo mi opinión particular que contrasto con mis diferentes etapas en la UNED; Acceso; 1er. Curso; Diplomatura, Licenciatura. Con mi trayectoria deportiva; muy parecido en sus diferentes etapas. Las dos alternativas las imagino que en el fondo tiene bastantes paralelismos en común y que ellas van culminando con sus diferentes exámenes parciales o finales tan llenos de prisas y de nervios, idénticos síntomas que mis diferentes competiciones de carácter local y regional con sus tiempos y clasificaciones parciales para llegar en plena forma física e intelectual a la gran final.

Las dos opciones mencionadas; Licenciatura y Campeonato Europeo, están de igual modo previstas a largo plazo y con mucha labor oculta en la lucha diaria, en la constancia y en la fuerza de voluntad, en esa relativa paciencia por los resultados adversos, en las privaciones diarias o simplemente soportando el frío, el cansancio o el sueño acumulado de jornadas repletas de dura actividad intelectual y deportiva. Toda esta labor callada tiene que ir necesariamente arropada con grandes cargas de motivaciones de satisfacciones parciales y personales, de emociones físicas e intelectuales, de sensaciones positivas, en definitiva, de ir elaborando una sincera y austera profesionalidad, de estudiante fecundo, de corredor fondista.

Con referencia al papel que ejercen en mí los profesores, los tutores o el mismo entrenador, es quizás más frío y algo más distante (será por la madurez de la vida) que el que se vive en el ambiente juvenil universitario donde el día a día lima las asperezas del intelecto y del carácter y crea un ambiente más social, más sólido, más estudiantil. Por otra parte, esa falta o ausencia de ambiente universitario, de jolgorios y de fiestas tuneras, me da cierta nostalgia.

Mi caso como el de muchos alumnos de la UNED y corredores de fondo en la categoría de veteranos, es un tanto autodidacta con más voluntad que base intelectual, con más kilómetros que fuerza física. Pero por consiguiente la culminación está siempre próxima, al fondo del camino está la meta, por un lado, está la añorada Licenciatura y por el lado deportivo el Campeonato de Europa de Maratón en la alta categoría.

Atrás van quedando los minuciosos detalles para lograr el objetivo final. Quién pone en duda la eficacia de una bibliografía puntual, unos buenos apuntes personales, el resumen del tema del programa adornado con su gráfico y el esquema eficaz para completar la lección. Lo mismo que en lo deportivo, unas zapatillas apropiadas al terreno, los calcetines sin arrugas, ni costuras, o el milagroso masaje de descarga en la zona dolorida. Y quién no ha tenido la experiencia de sufrir y pasar por el punto crítico ante una asignatura compleja o paralelamente ante el inicio de una prueba competitiva. El punto crítico aflora siempre frente al inicio de un examen o frente a una carrera competitiva. Al estudiante, al corredor les resulta muy agudo el punto crítico cuanta menos preparación se lleve al evento más largo es, y hay que tener claro que no queda más remedio que superarlo, siempre se nos va a dar, es una sensación incomoda física y mentalmente de querer abandonar, por el asalto de las dudas, de los miedos y del sufrimiento.

El camino hacia la meta final se hace largo y sufrido, en ello estamos los estudiantes y los corredores de fondo, para ello necesitamos suavizarlo con el apoyo de los que nos rodean, de la familia, de los tutores, de los amigos y del público que nos aplaude y valora nuestra voluntad de hierro, siempre fortalecida por los rigurosos y apretados calendarios de los programas estudiantiles o de los entrenamientos cotidianos.

Por último, en estos larguísimos años de caminante infatigable, de profesionalidad estudiantil, de vividor sano y activo mi piel se llena de arrugas que junto a mis numerosas canas me conforman un aspecto más maduro y como no, mi corazón, cabeza y piernas se tornan algo más torpes, pero la ilusión de la victoria hacia el Campeonato, hacia la propia Licenciatura me anima a seguir trazando el camino para los que me preceden en el tiempo.

Félix Boada González.
Estudiante de la UNED y corredor popular y federado en la ciudad de Palencia

Relato número 7

Relato escrito en mis años estudiando en la Universidad Popular de Palencia. Actividades literarias y periódicas de animación a la lectura y a la literatura, e inspiradas en mis aficiones particulares, siempre en fechas destacadas como el en Día del Libro, 23 de abril.

UNA FORMA DE VIVIR

Soy como soy, y puedo elegir entre estar contento como soy o estar frustrado por gastar mi vida siendo lo que no soy. Por lo tanto, como un corredor de fondo infatigable me dije a mi mismo que sería tan bueno como la mente y el cuerpo me dejasen realizar mis actividades, sin nada que me acomplejase, aceptando los tópicos y limitaciones de mis resultados por encima de todo y recrearme en mi propio mundo viviendo mi propia vida, con mi propia familia, con mis libros preferidos y mis revistas formativas de ayuda a mis entrenamientos diarios, a mi forma de vivir, donde sólo yo me marcaría las pautas a seguir.

Elegí esta forma de vida libremente entre otras muchas que realizamos los seres humanos. Para mi practicar deporte de competición (el popular), el correr, iba a ser una actividad más, una nueva forma de vida, con todas las consecuencias que ocasiona la disciplina deportiva. Yo practico deporte de acuerdo con mis expectativas y fue en su día y lo es hoy como un regalo de la "Naturaleza" tanto física como mental que me realiza y me veo como una de las personas más afortunadas que pisan la tierra, elección que tengo en mis manos y que la acepto tal como viene con la ventaja de seguir o no seguir hasta que el cuerpo aguante. Aprendo de los esfuerzos diarios a controlar y disfrutar de la vida y por hábito a poner a punto y en forma la musculatura, la respiración, siendo vigilante con los entrenamientos y las sensaciones de aviso de mi cuerpo, meticuloso con la alimentación, disciplinado en el dormir y en mis horas correspondientes, así como precavido con la química etílica, siempre teniendo en cuenta los límites. Cada vez que salgo a entrenar, que muevo las piernas con ritmo he aprendido a sentirme mejor, no soy el mejor corredor y eso no significa mucho para la sociedad deportiva porqué hay otros muchos corredores que van por delante.

Para mí, la forma de vivir la carrera a pie con esa peculiar sensación de recorrer nuevas rutas y paisajes, de integrarme en el medio natural escuchando, viendo todo lo que la naturaleza viva nos muestra, esa experiencia mítica del correr por placer, de plasmar y narrar lo que siento, fue y es lo que nos aleja y aparta del mundo animal, del mono y nos hace ser un Homo Sapiens... Sapiens. La carrera nos ha evolucionado y conformado físicamente el cuerpo humano con unas ventajas anatómicas que nos ayudan a caminar, a correr erguidos y con belleza.

Por último, si toda esta experiencia práctica del correr, su ambiente, su modo de diversión y de conocimiento lo comparto, lo compartimos con otros seres humanos que piensan y disfrutan de la misma forma de vida que yo, aseguramos que el hombre por naturaleza y por necesidad sea un ser social y un ser feliz.

El corredor

Relato número 8

Nuevo relato a concurso escrito en la Universidad Popular de Palencia con motivo y presentado en el día del Libro el 23 de abril de un año cualquiera de mis años como alumno en dicho centro cultural y en la especialidad de Literatura actual.

EL NOMBRE QUE TE DEFINE
La vida a zancadas y lo que nos mueve a correr.

No estoy huyendo, ni soy cobarde, no vivo lejos, ni me espera nadie, ni pierdo el tren, ni el autobús se escapa, ni me apremia nada. No voy tras un ladrón, ni la infractora soy yo, ni soy un fugitivo a quien acosa la ley o sigue la policía. No he robado ningún banco, ni me apropie de un botín. No salgo de una prisión, ni temo por mi vida. No llego tarde a una cita, ni aun examen o entrevista, ni a una reunión de trabajo. No voy a la tertulia, ni he quedado con amigos. No llego tarde a una boda, ni a un bautizo, ni el cementerio lo cierran. No escapo de una tormenta, ni voy a apagar un fuego. No escapo de nadie, ni busco nada. No me siento cobarde simplemente estoy corriendo.

No sé si eres un fantasma o si eres una invención. Sé que a zancadas te expresas, que habitas en cada corredor y corriendo te manifiestas, que eres un agitador de masas, que te gusta provocar en la calle. He oído que concedes la libertad a quien a ti se encadene, que das el aliento a quien se ahogue contigo, que haces eternamente joven a quien envejezca a tu lado.

Aseguran que acompañas las ausencias, otros buscan en ti la soledad compartida, nada exiges, nada pides, a todos das cabida, a cualquiera reconfortas y nunca a nadie discriminas.

He escuchado que andas pululando por cuantos parques, campos desolados y carreteras sin tránsito te encuentras, creando dulce adicción en todo aquel que te sigue. Me han dicho que anda perdido en la vida quien prueba tu medicina, que no hay bebedizo capaz de curar tu enfermedad, que no hay antídoto posible a la locura que causas, que no hay curandero que arranque tu droga de nuestra alma, ni ungüento efectivo que elimine de la piel la felicidad y las sensaciones que das, pues sólo tu eres tu propio médico con potestad de sanar.

Dicen también que la ceguera que produces trasmite una luz brillante, que permite ver claro el futuro, sin moverse del presente. Hay quien afirma que la riqueza que prometes es inmensa, que refulge como el oro, aunque no se cuente por lingotes ni tampoco por monedas. Se rumorea que el alimento que procuras no llena el estómago, pero aniquila el hastío y destruye la depresión, también quita la ansiedad, destierra el aburrimiento y sacia por tanto el espíritu.

Parece ser que tu sombra es más larga cada día, que cada vez arropa a más gente, que tu manto se extiende ya al mundo entero, que en los cinco continentes te entienden sin necesidad de intérprete, pues tu idioma es paladino. He visto que tus seguidores han conquistado y trasmiten tu mensaje por cuantos territorios visitan, que allá donde se mueve cada uno de sus súbditos nace un camino nuevo.

Sé que tus lacayos se cuentan por millones, que quien prueba, repite tu receta, que por más que alguna desilusión ponga un velo en sus miradas no cejan en el empeño de volver a intentar ir un paso más allá, pues nunca un mal paso dado fue sinónimo de fracaso.

Me han confirmado que tu liderazgo atraviesa el corazón de quien sabe escucharte, sin que de tu boca haya salido palabra ninguna, que quien conoce las razones que esgrimes será un fiel incondicional, que quien oye tus mudas explicaciones quedará por siempre subyugado, pues yo mismo he comprobado que ejerces tu magia sin portar conejo alguno en tu chistera, ni escondes un as en tu manga, pero hipnotizas no obstante las mentes más reaccionarias, hechizando tanto a ingenuos como a osados, de igual modo a incautos, que a sabios, a inocentes y eruditos, anónimos y famosos, tímidos y parlanchines, escépticos o confiados.

Acusan a tus partidarios de hipérbole, de cantar tus excelencias en exceso, de ser metáforas incansables de incesante alegoría, más tú nada afirmas ni niegas, aunque estás en la enciclopedia como concepto o imagen, engaño de los sentidos, esperanza y complacencia. Tus detractores confunden los términos, diciendo de ti que eres perturbación en el ánimo, idea tenaz al asalto de la mente, mientras te acusan de terco.

Pero tú sigues a diario rebatiendo con zancadas sus trasnochados argumentos.

Multitud somos los que a tus pies nos rendimos cada primer día del año, y el último celebramos el haberte conocido.

Muchos nos dicen obstinados y a ti te llaman obsesión, pero el nombre que nos define se denomina ilusión, o simplemente la pasión por el correr.

El corredor.
Félix Boada González

Relato número 9

Mi inspiración me llega como un socio y voluntario más de Cruz Roja de Palencia, me animaron los compañeros y compañeras a escribir este cortito relato y publicado en la revista de la Asamblea Provincial de Palencia, justo en mis primeros años como voluntario, en los años 2005.

VOCACIÓN DE VOLUNTARIO

En mis años jóvenes de internado en un colegio ser voluntario no tenía buen cartel entre los compañeros, había una cierta desconfianza en ser voluntario, en parte, porque no se sabía lo que podía caer (encargos nuevos) por parte del que solicitaba a los voluntarios. A mí personalmente siempre me quedaba una duda razonada y remordimiento frustrado cuando no podía presentarme como voluntario, me gustaba la novedad, la iniciativa, el riesgo a lo desconocido que nos proponían los solicitantes para iniciar una actividad cualquiera.

Con el tiempo fui madurando y perdiendo esos complejos tímidos para no ser voluntario, quería ser voluntario por mi propia y libre voluntad aprovechando las ventajas de estar siempre activo y atento sobre todo para lo positivo, que para lo negativo ya venía ello solo.

Aprendí a ser voluntario con vocación en base a crearme buenas ilusiones, me implicaba en todo tipo de voluntariados por muchas razones, eran mi estímulo para generar nuevos proyectos e iniciativas.

Yo quería ser voluntario para realizar muchas y diferentes actividades, una forma más de abrirme en caminos nuevos saliendo de la rutina diaria, de diversión, de aprendizaje, de desarrollo integral.

Tuve la vocación de voluntario durante toda la vida, pero pasó desapercibida en acciones sencillas hasta que verdaderamente decidí en un acto personal y firme el ser voluntario en una asociación grande, trascendente, con historia "La Cruz Roja". Sus campañas públicas y sus necesidades me llenaron la vocación que tenía escondida, callada con los años. Conseguir una mejoría en el bienestar de personas desfavorecidas y con necesidades materiales, sociales e incluso psicológicas es mi meta principal y mi premio es la felicidad interior y la satisfacción personal por hacer el bien al más próximo.

Por otro lado, ser voluntario con vocación es algo grande que no sólo me queda en prestar mis servicios por obediencia, tambiéntengo necesidad de informar, de sensibilizar y denunciar los problemas sociales que existen, de ayudar a los que piden apoyo, de dar respuesta al desequilibrio que existe entre las personas, entre las desigualdades sociales y como no, en las necesidades que demanda una sociedad precaria y con prejuicios.

Reconozco que para ser un buen voluntario hay necesidad primeramente de vocación interna, de cualidades y carácter personal y no tiene que faltar la fortaleza física, la formación específica para desarrollar las actividades recomendadas como el mejor, con profesionalidad, siendo positivo y tolerante, creando una confianza, transparencia y credibilidad en los que son atendidos y en la propia sociedad que confía y reclama a la Asociación de Voluntarios.

El voluntario.
Félix Boada González

Relato número 10

De nuevo otra sencilla inspiración literaria como socio y voluntario de Cruz Roja de Palencia. En la Organización me animaron a escribir este cortito relato y publicado en la revista de la Asamblea Provincial de Palencia. La verdad que esta situación real fue una de mis primeras experiencias como voluntario de Cruz Roja y experimenté con la práctica un cumulo de sensaciones difíciles de describir, pero en el fondo fueron positivas y válidas para afrontar otras tantas experiencia y sensaciones positivas para en el futuro como voluntario ser mejor.

MI ENCUENTRO CON BELINDA EN CRUZ ROJA

A la vista del título del presente relato, cabe preguntarse el lector una serie de incógnitas que se irán descubriendo si el tiempo y la dedicación a su lectura se lo permiten. ¿Quién es la niña Belinda? ¿Quién se encuentra con Belinda?, y ¿el porqué del encuentro con Belinda?

A renglón seguido, desvelaré la identidad del verdadero protagonista del relato que no es otra que Belinda, sin ella no existiría la acción ni el encuentro.

Belinda es una niña de 12 años y una más a las que Cruz Roja presta sus servicios y atención. Además, Belinda es formada, cuidada y protegida durante el día en un centro especial y público regido por la Junta de Castilla y León, el Colegio de Atención Especial de Niños con Discapacidad Carrechiquilla. Su personal es profesional y especializado en diferentes discapacidades infantiles. Belinda tiene una esquizofrenia infantil, producida desde hace unos años por una lesión orgánica cerebral, con determinadas condiciones ambientales degenerativas que se caracteriza por su autismo, sus ideas obsesivas, su incapacidad de comunicarse verbalmente, con gestos repetitivos y con una falta de respuesta emocional y un trastorno grave del sentido de su identidad.

Al otro lado del encuentro, está (yo mismo) un voluntario más de Cruz Roja en uno de sus primeros escarceos y servicios de la actividad encomendada. Mi trabajo consiste en ayudar y acompañar en el transporte con un mini-bus, de plataforma especial, a unos niños discapacitados desde el centro especial hasta sus respectivas casas o viceversa. Ayudar significa, subir a los niños al bus, sujetar a los niños en sus asientos para ir más seguros en su viaje, poner atención en las acciones, tratarles con suma delicadeza, darles la mano y una sonrisa si es necesario y eso es lo que realicé la primera vez que subí a Belinda en el mini-bus, así como a otros tantos niños. Belinda al subir, me mira de reojo y cuchichea palabras extrañas al ocupar su asiento y yo no le doy la más mínima importancia.

Ya finalizando el transporte, vamos dejando con suma delicadeza a cada niño en sus respectivas casas y a manos de sus parientes, o a los que van a recogerlos a su parada correspondiente., llegando a la casa de Belinda, a indicación del conductor, voy a soltar el cinturón de seguridad de Belinda y me acerco directamente a su asiento, entonces es cuando se desata la tormenta con toda una retahíla de insultos, de tortazos y escupitajos a la cara que me dejaron anonadado y por supuesto acobardado. Aun así, no perdí la compostura y con palabras suaves la intenté tranquilizar, pero no cesó en sus improperios hasta bajar del mini-bus y aferrándose a los brazos de su madre que la esperaba abajo por fin se fue normalizando la niña. Su madre vio e imagino casi toda la escena esperando a la niña desde fuera del mini-bus y la increpó a Belinda a pedirme perdón por lo que había realizado, ella ni miraba hacia arriba, solo se agarró con fuerza a su madre.

Por supuesto Belinda que todo quedó en unas palabras mal sonantes, aunque lo que más me molestó de todos tus insultos es que me llamaras viejo, me llegó a lo más profundo, pero de verdad Belinda no te guardo ningún rencor es más te tengo cierta estima por reconocer que yo era un extraño para ti, incluso después de pasado un año, recuerdo tu bonito nombre, nunca olvidaré la experiencia, la anécdota y la oportunidad que me diste de conocerte y de ayudarte, es más, a ti te dedico este relato para que te conozcan los lectores o simplemente para plasmar y testificar en papel y en el recuerdo, tu nombre y tus necesidades básicas y especiales, y también para prestarte más atención y cariño, si fuera necesario en futuras ocasiones.

Por otro lado, desde ese "primer encuentro" no he vuelto a ver a Belinda, pero seguro que no ha sido por culpa mía, ni por tener miedo y si tengo la oportunidad en otra ocasión de ayudarte lo realizaré con sumo grado, como un voluntario más.

Félix Boada González
Voluntario de Cruz Roja en Palencia desde septiembre del año 2005.

Relato número 11

Nuevo relato escrito por mí en la Universidad Popular de Palencia con motivo del día del Libro el 23 de abril. Fomentar y promocionar la lectura de libros en la base de convocar esta participación en fechas concretas, así que nunca me cansaré de participar en estas actividades lúdicas.

LA PASIÓN DE LEER

Atravieso un pasillo largo y silencioso hasta llegar a una gran estancia donde una luz tenue ilumina la peculiar y profunda biblioteca, aquí es donde se esconde mi esperado premio.

Sin pensarlo dos veces arrimo la escalerilla y subo hacia el último estante, mi mano palpa sin ver el libro más grueso de todos, mi preferida elección, casi sin aliento por la emoción e intriga agarro el viejo libro con una mano- mi premio- y con la otra libre bajo en precario equilibrio.

Ya en el suelo emocionado y cómo un niño ante un cómic nuevo me siento en la silla más cercana. Observo con curiosidad la gran reunión de hojas cosidas y prensadas con manos diestras que conformaron este auténtico volumen. De entrada, paso por alto el número informático que identifica al autor con el tema, pero me atrae su adornada cubierta y su bella fotografía en blanco y negro. Su título me atrae pues tiene grandes letras góticas y más abajo con letras más pequeñas y sencillas, se imprime en una esquina de la cubierta el nombre del autor.

Doy la vuelta y en la contra cubierta un leve resumen del contenido me traslada al mundo imaginario del contenido interior del libro. No paso por alto, la solapa, donde se lee de una visión muy global al autor se le describe sus características más personales, sus obras más destacadas y las más recientes publicadas. Ya dentro del volumen en la página de guarda se repite el título del libro como para no olvidar de quién se trata, así como el nombre de la editorial, la edición y su año de impresión.

Paso las primeras hojas y releo los agradecimientos que hace el autor a sus más allegados colaboradores, nunca hay que dejar de leer para tener una buena impresión de la obra, así como un vistazo general del tipo de letra y los apartados que me voy a encontrar el prólogo como su introducción muy resumida y el índice general al detalle y por fin empiezo la gran aventura de leer mi libro.

El primer párrafo del primer capítulo es importante para calar hondo en la virtud del propio libro, en los recuerdos y en la huella que dejarán en mí, con sus personajes principales, con sus primeras intrigas, con las descripciones y los acontecimientos que seguirán a lo largo de toda la obra para conformar un episodio general completo y lleno de vida.

El lector.

Relato número 12

Relato escrito en el Centro Cultural para los adultos o los mayores de 18 años, de San Jorge Palencia. Escrito en los albores de la Navidad y publicado en la revista del Centro. El motivo principal para convocar este concurso literario y para todos los alumnos del centro fue potenciar la lectura y la participación en la cultura interior de todos los alumnos sin importar ni la edad ni la especialización de los cursos impartidos en San Jorge.

EL HOMBRE QUE SALIÓ DE UN TRAJE OSCURO LLAMADO ANICETO

Hace varios años me contaron una historia sin igual y hoy sigue vigente haciendo real los antiguos recuerdos de la compleja mentalidad del hombre viviendo en esta sociedad.

Aniceto no es ningún paleto y es el protagonista de este relato con pocos secretos: la misteriosa y el renacimiento del espíritu de la Navidad.

Aniceto alto y grueso como un abeto, vivía solo en una casa pequeña y aislada de la ciudad encantada. Habitaba solo desde que se hizo hombre solitario, taciturno por su oscuridad y alejado de la vida en comunidad; sin familia cercana, sin amigos y un poco excéntrico en su carácter habitual. Este era un hombre meticuloso en extremo, poco conversador, pero lector eclético e incansable de libros sin pudor, lo mismo lee la novela del Quijote que los Pilares de la Tierra en versión original, amante del silencio en su recogido hogar, puntilloso en la limpieza excesiva; solo centrado en sus quehaceres diarios, se levantaba temprano, a la misma hora, ya fuese invierno, ya fuese verano, todos los días eran iguales para él, nunca se saltaba las normas establecidas en su casta social, ni los horarios diarios, ni las visitas guiadas con cumplidos añadidos para los lejanos parientes aún perdidos.

Hombre oscuro como un abeto maduro, como sus trajes siempre impecables, bien planchados, pero oscuros. Iba de casa al trabajo y del trabajo a casa, siempre con la misma rutina, de no ser por sus largas piernas se diría que no se mueve el señor Aniceto, casi como un abeto de tronco duro, viejo y sin viento.

Corrían los días ligeros, pasaban las semanas aburridas, se iban los meses oscuros, así vivía sin porfía, así se desarrollaba este buen señor que de una noche oscura salió sin una pizca de agonía a la ciudad de la alegría.

Después de un triste y lluvioso otoño, con las noches muy largas y oscuras, llegaron unos días de fiestas añoradas en el pleno invierno, cuanto más frío y más nieve caía, más se divertía Aniceto para no salir de su casa fría, pero este año hubo algo especial en la vida de Aniceto, que cambió su carácter habitual, su vida marginal y solitaria pegó un vuelco sin igual.

Al pobre Aniceto le obligaron las circunstancias culinarias a salir una tarde oscura a buscar su comida diaria, era Nochebuena y tenía la despensa vacía. Al aproximarse de vuelta a su casa, hasta ahora inhóspita y triste, se encontró con un grupo cuantioso de niños que demoraron su paso nocturno. Ellos cantaban villancicos 25 de diciembre *fum… fum… fum*, tocaban la flauta dulce *flu… flu… flu*, hacían sonar la vieja y obscena zambomba, *purrrrr* repicaban las castañuelas… triqui… traca y movían sin cesar las panderetas… tantarán… Las dulces voces infantiles con sonrisas de los niños cantores abrieron los lejanos recuerdos en esta noche fría sin temores. Aniceto se paró de repente y se quedó reflexionando las sentidas alegorías, seguían y seguían tarareando las melodías clásicas y las vivas canciones de la chiquillería, *Pero mira como beben los peces en el río*. A partir de este instante, fue de sopetón, al señor mencionado, se le paralelizaron sus rencores, sus miedos a la vida en armonía, se acabaron sus largas noches de insomnio y a pesar de los muchos olvidos y de no ejercer prácticas de la felicidad de antaño vivida, pensó que nunca debieron salir de él los buenos y alegres recuerdos de cuando era de edad un poco tardía.

No se sabe bien que le pasó a Aniceto, pero desde esta misteriosa Nochebuena coincidiendo con el año bisiesto, la milagrosa Navidad y el espíritu navideño cicatrizaron las viejas heridas de este hombre grandote. Aniceto lloraba de emoción, cantaba con pasión y se permitió el lujo de dar aguinaldo a los niños cantores de estos renglones torcidos de Dios; incluso los invitó a subir a su casa hasta ahora casi deshabitada y los niños cantores le ayudaron a decorar con luces de colores, de espumillones, de guirnaldas y de bolas brillantes el viejo abeto olvidado en el patio alejado. Aniceto ahora sí cantaba como un niño mayor y contento *Navidad, dulce Navidad*. Aprendió a compartir con ellos la comida comprada ese día, para nada fría; también la bebida, los turrones y peladillas como si fuera su última partida. Aniceto se prometió a sí mismo asistir para completar la feliz jornada, después de la cena dorada, a La Misa del Gallo cantada, casi suprimida por un drástico descenso en el número de asistentes al concierto en ese día repleto de cosas doradas.

Aniceto en esta noche mágica, las pocas horas que le quedaban, durmió como un bendito y jamás volvió a quedarse solito.

Colorín, colorado este relato navideño se ha acabado, espero que os haya gustado.

En recuerdo a San Aniceto, nacido en Emes, Siria, mártir y papa desde el año 155 al 166, hijo de un legionario romano; su santoral se conmemora el 17 de abril.

Relato número 13

Relato también escrito en el Centro Cultural para adultos de San Jorge Palencia. Escrito en los albores de la Navidad y con motivo y por cierto coincidiendo con la grave crisis sanitaria del momento actual, también publicado en la revista del Centro.

PANDEMIATITIS

En los primeros días del mes de marzo del año 2020 aconteció un hecho inimaginable en la España nuestra, casi irreal, venía de muy lejos, pero se acercaba a pasos gigantescos a las series televisivas más repetidas, sufrimos un estado generalizado de alarma, lo más parecido a un estado de cine bélico. Las televisiones nos abrumaron con noticias continuas del estado de la nación y del mundo entero, nos enteramos de palabras olvidadas en los diccionarios de la Lengua. Encierros obligatorios, confinamiento general, restricciones, escasez de alimentos, de jabón, del hidro-alcohólico desinfectante, de lejías, de papel higiénico, de medicinas, de la desescalada, de las crisis sanitarias, sociales y económicas, del caos, de catástrofes. Fue y es todavía una pandemia provocada por un virus contagioso y mortal, algunos dirigentes decían que era una simple gripe o catarrillo, un coronavirus llamado COVID-19.

La TV más que informarnos nos atemorizan con los datos estadísticos, con el número creciente y a diario de muertos, con la extensión y el alcance del virus desconocido y altamente contagioso por todas las naciones y continentes del mundo en oleadas mortales, no se llegó al pánico por vergüenza, pero en muchos hogares había mucho temor, mucha inseguridad, demasiada ansiedad.

Las calles quedaron vacías, los coches olvidados en los garajes en los aparcamientos callejeros, la gente confinada en sus casas, solo los imprescindibles salían con mucho miedo en el cuerpo como furtivos a sus puestos de trabajo o para el cumplimiento la ley, del confinamiento.

Este estado de alarma social que empezó en quincenas para no asustarnos tanto se fue alargando en decretos leyes aprobados por el gobierno en mayoría que a veces nos sacaban de quicio, nos angustiaban hasta quedar hartos y de mal humor. Nos hizo pensar más de la cuenta, a plantearnos y organizar nuestras vidas individuales, familiares y colectivas de manera muy diferente. Nos obligó a cambiar todas nuestras costumbres, incluso conocimos a vecinos nunca vistos, a unirnos en los balcones en aplausos a las 8, a escribir o llamar a parientes y amigos más lejanos interesándonos por su salud. a descubrir nuevos amores por medios virtuales.

Canciones nuevas en relación con los nuevos acontecimientos nos llenan de esperanza la vida futura, las letras de esas llamativas canciones tenían unas ideas principales; Resistiré, quédate en casa, esto si lo superamos y se pasará.

Pero la oración más provechosa y a falta de misas y de la apertura de iglesias más repetida de este confinamiento bajo mi punto de vista fue la siguiente; Santísima lejía, bendito jabón, taparos la cara con mascarillas por obligación te lo pedimos con humildad señor.

Después de varios meses de incertidumbre y de fases decretadas en las desescaladas (la gran olvida la Educación en los colegios) esperamos todos la Nueva Normalidad.

Félix Boada González

Relato número 14

Con motivo de la boda de mi hija Laura y su pareja Manuel Quiroga se organizó todo un fin de semana de boda festiva con los amigos y los compañeros de los novios, también participó como era de esperar mi primer nieto con dos años llamado Leo. La montaña Palentina, se vistió de fiesta, concretamente el pueblo del norte llamado Triollo, justo en las faldas de la bella montaña del Curavacas con sus 2521 metros de altitud. Esta fue una pequeña introducción y replica de apertura de la festividad de la boda, que duró todo un fin de semana. Un fin de semana que hizo como es de esperar en las fechas de la primavera todo un tiempo meteorológico muy variopinto; llovió, nevó y salió un sol espléndido.

BODA VIKINGA. Triollo en Palencia a 30 de abril del 2017

Buenos días, familia, compañeros, amigos y posibles descendientes de los antiguos, los llamados vikingos. Pueblo que vivió en la antigua Noruega entre los años 800 y 1050. Como ya leemos en sus libros fueron granjeros, comerciantes, viajeros y muy guerreros, en definitiva, casi igual que nosotros.

Dejando para otras ocasiones las ilustradas leyendas de los vikingos en sus incursiones a Cudillero sus entradas por el golfo de Vizcaya, también las mujeres cántabras que vencieron con argucias a los guerreros vikingos. Pero hoy nos reunimos aquí para celebrar una singular ceremonia social, una boda vikinga.

Sabemos por las fuentes documentadas que las bodas se celebraban en los meses de octubre, cuando las cosechas eran recogidas, cuando las reses y los grandes pescados se sacrificaban y se curaban al fuego o a la sal. Como todas las gentes nórdicas de la antigüedad se reunían en grandes clanes, en familias con vínculos complejos para prepararse de los fríos inviernos del norte, para vivir en sociedades cerradas, comerciales y guerreras. También nos han legado en sus recuerdos de que los sábados eran los más propicios para los grandes acontecimientos y en eso si los hemos copiado los contemporáneos ibéricos, nuestros fines de semana son sagrados, para la fiesta, para los mejores acontecimientos y para nuestras bodas. Así que este fin de semana memorable, que viva la fiesta, que fluya la abundancia en manjares, brindemos con el hidromiel fabricado por los Quiroga, con la cerveza comprada en el súper y con lo que nos plazca, pero con cordura y respeto.

Hoy 30 de abril de 2017 invocamos con orgullo a nuestros antepasados y especialmente a los numerosos dioses del panteón vikingo, llamamos a nuestra fiesta a Thor, a Freyr, a Freyja y a Odín y todos juntos con mucho entusiasmo seremos capaces de consagrar, de proteger, de hacer felices a esta familia unida, a la saga de los Quiroga-Boada.

Aquí presente esta Laura, la novia, la madre, la responsable y administradora de su casa familiar, sin temor a equivocarnos podemos decir de ella que está llena de sentimientos humanos, se nota en su semblante el amor, la felicidad, la valentía, la lealtad, la fidelidad, la serenidad, la esperanza y la ilusión de que todo salga bien de que seamos todos felices.

Y que vamos a decir del novio, padre y responsable de su familia, mirarle bien y a poca imaginación que tengamos nos recordara su físico a los antiguos vikingos, y no digamos su lado practico, sabe hacer casi de todo, es mañoso, trabajador, atento, detallista y voluntarioso, solo le falta construir naves vikingas en madera de haya como hacia Floqui, el carpintero vikingo, pero os aseguro que hace unas fotos de exposición.

No podemos dejar de mencionar a mi queridísimo nieto Leo, os aconsejo que si queréis conocerle en profundidad estar con el un día entero quedareis alucinados de sus ocurrencias, de su actividad y también terminareis el día muy agotado.

Para cumplir con el protocolo vikingo pasaremos al intercambio de compromiso, anillos construidos artesanalmente que siempre simbolizan el amor limpio y duradero de la pareja.

Y para no aburriros mucho con tantas palabras y no quedaros dormidos antes del tiempo aconsejado os invito a divertiros y a gozar de la fiesta, ser felices.

Skol.... Vivan los novios.

Firmado por el padre de la novia.
Félix Boada

Relato número 15

Relato escrito y participativo por mi parte para el concurso literario con el número de convocatoria XXXIII de la Universidad Popular de Mazarrón en Murcia. Verdaderamente el relato tiene más fantasía que literatura y eran los primeros albores de los chateos o las conversaciones simultáneas con gente desconocida y conectadas a la red, pero bien se puede leer de una tirada.

CORAZONES Y SENTIMIENTOS PARTIDOS

Érase una vez una persona madura, ni fea ni guapa, ni rica ni pobre, pero mantenía el genio y figura dentro de su estado natural. Resultaba algo tímido y algo solitario a los ojos de las relaciones sociales. Gracias a la publicidad un día cualquiera tuvo una oportunidad y realizó por primera vez en su vida, un curso de introducción a la ciencia informática y a los inicios de acceso a los nuevos sistemas de comunidades virtuales, las comunicaciones por Internet.

Este buen señor siempre estaba solo y aburrido, tenía pocos amigos íntimos, pero al realizar su inscripción al curso, le comentaron los responsables de las clases, que las redes sociales de Internet le llenarían sus horas vacías, su soledad, y él se preguntaba receloso de cómo sería esto del acceso a Internet, de la informática.

El buen señor empezó su cursillo presencial motivado, con ganas de aprender, no sabía nada de la ciencia nueva, pero mostraba mucho entusiasmo. Pasaban los días e iba cogiendo soltura, manejaba el ratón con gracia, pulsaba las teclas sin miedo, se instalaba en el navegador (intermediario entre el usuario y el proveedor de servicios Internet) y recorría páginas webs con entusiasmo, desde el buscador, todos los días quedaba maravillado de la rapidez de avanzar, de conocer mundos, países y culturas muy diferentes a la suya. Al buen señor, le resultaba tan fácil moverse por esos mundos del espacio, de las ondas, del conocimiento, que siempre que acudía a clase, esperaba nuevas respuestas a sus dudas, a sus preguntas del saber virtual.

Dentro del programa establecido del curso, por una escuela competente y unos profesores profesionales, a la que asistía el buen señor, estaba el acceso al Chat o el chatear, (comunicación escrita simultánea entre dos o más personas a través de una red de Internet) y lo aprendió. Más adelante, en una tarde con muchas horas de práctica aprendió el sistema de escribir correos o cartas con personas lejanas y desconocidas, con cierta destreza, para ello tuvo que crearse una cuenta de correo que también aprendió a manejar con alegría y a partir de la fecha, se llamó a efectos de la identificación obligada; Feliz3.1416@... Como su nombre le indicaba, el buen señor era feliz por tener un nombre y una dirección en el espacio cibernauta.

Cierto día, Feliz3.1416@... se dijo a sí mismo.

- Si yo existo con unas características determinadas, tiene que haber en este mundo casi redondo, alguien que sea parecido a mí, que me entienda, y que muestre cierto entusiasmo por conocerme, que pueda sin prejuicios comunicarse conmigo, y por ende que sea una mujer.

Feliz3.1416@... por fin, inicia su primera sesión, identificándose en un Chat. Cuando entra en el Chat, teniendo en cuenta todos los pasos aprendidos en clase, éste se encuentra abarrotado de nombres mal sonantes, de palabras soeces, de un barullo incontrolable de personas, de cosas y palabras que se escriben con cierto anonimato sin sentido, sin tacto y bastante ofensivas. Se marcha del Chat sin ilusión, se dijo a sí mismo, que estas bar-

baridades no pueden circular por el espacio limpio, por las pantallas de un computador, que dirían los extraterrestres si comprendieran tanta infamia, en fin, esto no era lo que esperaba.

Al día siguiente repite la experiencia sin mucha condición, Feliz3.1416@... el Amigo, volvía a intentar la comunicación en el llamado Chat, pero esta vez respondió tímidamente una persona al otro lado del espacio. Por una casualidad, estaban en la red dos personas maduras solas, parecía mentira, comparado con el alboroto del día anterior y empezaron una conversación con palabras tímidas y cortas, de simple contacto; se dijeron sus nombres, su edad, su lugar de residencia. Ella se llamaba Sonya63@.... la Amiga, él ya lo sabemos, Feliz3.1416@... Hubo un congenio con las primeras palabras, había algo común entre ellos para poder resaltar; el respeto, la sinceridad, el buen humor, la tolerancia, incluso la soledad y las ganas de conocer una persona determinada. Fluían las palabras de estas dos personas en el espacio, con elegancia, y con sencillez. Se contaban sus problemas como si se conociesen de verdad. Pasaban los minutos rápidos y seguían hablando, con entusiasmo, entraba alguna persona al Chat, se supone que leía lo escrito, no intervenía y se iba, les dejaban solos, con sus conversaciones tímidas y pensadas. Que bien manejaban el lenguaje de la comunicación, del respeto mutuo, jamás se dio una palabra fuera de lugar. Finalmente, se dieron la dirección de sus correos correspondientes y se despidieron con nostalgia, pensando que ya no volverían más a comunicarse, que sería un asunto pasajero.

Feliz3.1416@... el Amigo, se preguntaba a sí mismo, que Internet era bien práctico, fácil y rápido, sólo había tardado unas pocas clases en probar los resultados de su aprendizaje.

Pasaron pocos días cuando, Sonya63@, la Amiga, la compañera de Internet, recibió un correo amistoso y comprensivo. Feliz3.1416@..., el Amigo, recibió otro correo, con las mismas características. No se sabe quién empezó primero, pero el contacto se había establecido. Dos personas maduras se comunicaban a través del espacio, a una distancia de 10.000 kilómetros, una distancia en el espacio terrestre tan solo imaginaria, pues en la comunicación por palabras, por Internet, no existía el tiempo, ni la distancia.

En sus primeras cartas y en sus correos correspondientes, se estableció más claro la situación personal de cada uno, las aficiones, los gustos. Se citaron para otro aprendizaje nuevo, también dado en la clase de introducción al Internet; la comunicación directa sin intermediarios, lo que se llama en el mundo de la comunicación "Messenger", el llamado MSN o Mensajería Instantánea (mezcla entre los sistemas del chat y los mensajes de correo electrónico), en un momento se agregaron como amigos inseparables. La pareja reciente de amigos, debían tener en cuenta la diferencia de horarios, la diferencia de sus respectivas estaciones climáticas, las de su origen, la exagerada distancia de separación y las diferencias de sus culturas, a la hora de comunicarse. Pero, todo era compatible si había voluntad de comunicación, de conocimiento mutuo, entre los amigos, entre las personas, en general.

Un horario compatible y apalabrado, puso de nuevo en contacto a Feliz3.1416@... y Sonya63@..., era otra forma de comunicación más fácil, una más personal, se podían hablar y escribir directamente, era algo inimaginable a los ojos neófitos, se preguntaban a sí mismos, como evolucionaba para el bien de la sociedad la ciencia tecnología de la telecomunicación.

Feliz3.1416@.... recordaba los días pasados, antes de empezar sus cursos de adultos en una clase para cultos y maduros, cuando no sabía ni lo que era Internet y ahora se encontraba con una situación nueva y agradable, que por nada del mundo quería abandonar sus nuevos aprendizajes.

Feliz3.1416@.... y Sonya63@…, los Amigos, se conocieron por Internet, pero se hicieron confidentes, por afición a la palabra escrita y con la condición de contarse cosas, secretos, y también para no estar tanto tiempo solos.

A los pocos días, empezaron aprendiendo a mandarse sus fotos, era muy lógico tener un conocimiento de cómo eran sus físicos respectivos. A raíz de verse en sus pantallas, con sus fotos respectivas, la confianza se hizo más patente, se hicieron más amigos. Había tanto que contarse que en el corto tiempo de que disponían, que no daba para más, siempre dejaban más asuntos para mañana. Se estableció una confianza de confidentes, de contarse los secretos pasados, las alegrías y las tristezas, siempre mostraban la sinceridad por delante, no se tenían nada que ocultar. Algunas veces, para hacer más amenas las tertulias escritas, casi habladas, se intercambiaban versos, letras de las canciones de moda, escritos suyos, felicitaciones llamativas, incluso se daban impulsos para aumentar su fuerza de voluntad, para conseguir proyectos futuros, y ánimos para las metas difíciles. Cuando pasaba el tiempo establecido o eran requeridos a cortar la comunicación, se despedían con nostalgia, sin prisas, se intercambiaban un saludo, un adiós, un chao, o simplemente un abrazo para firmar la despedida.

Por otro lado, Feliz3.1416@..., en su curso, fue elegido delegado de clase y con este tipo de prácticas diarias, iba adelantando en el programa los conocimientos adquiridos y se superaba con creces entre los primeros puestos de los alumnos, el profesor veía en él a un alumno adelantado y le animaba con su progreso a superarse día a día en la nueva ciencia.

En los tiempos libres, cuando llegaba la hora establecida para la comunicación virtual entre Sonya63@..., y Feliz3.1416@..., los Amigos, se emocionaban mutuamente, de tal manera que las primeras palabras del chateo se atropellaban solas, hasta que ya más tranquilos y serenos meditaban las palabras y se respondían con soltura y maduro respeto.

A veces ocurrían contratiempos, dificultades por conseguir un computador libre en sus casas o en las clases. Había irónicas burlas y ciertas bromas por el tiempo que pasaban conversando entre ellos dos, por parte de las gentes que les observaban y la pareja espacial, lo resolvía con disculpas tímidas y sin enfadarse, sin agravar ni un ápice la situación.

Siempre esperaban al día de mañana, para volver a escribirse de nuevo, a ser confidentes de sus nuevos secretos; los hechos ya pasados se recordaban sin remordimientos, los acontecimientos presentes se vivían con emoción y las acciones futuras con muchas dudas. Pero siempre estaban a gusto y juntos, hablando, sacando nuevos temas para aprender, para recordar. Se contaban de cómo vivían de más pequeños y como les gustaría vivir en el futuro.

No se sabe cuánto tiempo estuvieron como amigos Sonya63@... y Feliz3.1416@.... Pero un día cualquiera y de improviso surgió el flechazo. Se realizó la esperada y cantada declaración de amor. Fue un momento emotivo, de tensión infinita, de auténtica felicidad, incluso de nervios joviales. Ahora con la declaración de amor, todavía surgió una situación nueva con más confianza y más entrega; eran unos enamorados en la distancia, en el espacio.

La situación máxima de la comunicación se dio cierto día que se vieron y se oyeron recíprocamente en una Web Can o cámara visual, en ese momento ya no podían esconder los sentimientos mutuos, muy tímidos y nerviosos del principio. La situación era, la más cercana a estar juntos, la culminación directa de compartir; verse y oírse. Ante todos había sinceridad y respeto, la seriedad característica de unas personas serias y responsables, estaba en todo momento, incluso se despidieron como si estuvieran juntos, levantando sus manos en actitud de un adiós provisional.

Feliz3.1416@…, llamado el Amante, y Sonya63@…, llamada la Amante, tenían que resolver con firmeza su nuevo estado real. Eran unos auténticos enamorados, que se necesitaban ver, oír y tocar, los separaba una distancia de 10.000 km, también los alejaba una situación familiar complicada; Sonya63@…, la Amante, era separada y tenía dos hijos maravillosos, un trabajo estable, una casa pagada, su país natal, un ambiente siempre veraniego. Feliz3.1416@…, el Amante, era separado, y había tenido poca felicidad en su matrimonio pasado, también tenía hijos maduros y muy queridos, su trabajo fijo, sus obligaciones familiares, y sociales, sus pocos amigos de siempre, su bienestar más o menos consolidado.

La pareja siempre intentaba buscar soluciones en sus diálogos, unas vías alternativas a su futuro, parecía un amor surgido del espacio, parecía un amor imposible.

Feliz3.1416@… y Sonya63@…, los Amantes, jamás se olvidaban de su amor, se amaban eternamente. Soñaban diariamente el uno con el otro durante un tiempo indeterminado, sus sueños traspasaban la barrera del espacio y del tiempo. Los vientos ondulantes juntaban sus sueños, pero sus cuerpos no podían moverse del lugar de su origen.

Tiempo después, se cuenta por el espacio cibernauta, que siguieron amándose en la distancia un tiempo infinito, se comenta por las alturas de los cielos, que jamás estuvieron juntos, que nunca consumaron su amor y sin embargo se amaban como si fuesen amantes terrenales.

Lo triste de la historia no había que contarla, pues las historias tristes jamás debieran contarse, solamente un milagro podía unir a los amantes Feliz3.1416@… y Sonya63@…, pero los milagros están muy lejanos para los pobres amantes. Tristemente sus nombres fueron escritos con sangre, con sudor y con lágrimas, en las eternas leyendas del olvido.

Se dice por la navegación del ciberespacio, que Feliz3.1416@…, el Amante, murió un día triste, se fue del mundo terrenal, con el corazón partido por un amor imposible, y sus restos no descansan en paz, por la falta de su amor sin consumir.

Se dice por los espacios siderales que Sonya63@…, la Amante, se enteró de la muerte triste de su compañero y murió también por la falta de su amor.

Se pide por ahí, a las personas responsables de las gracias celestiales, a los que dirigen los destinos amorosos, que un día, unan para siempre a Feliz y a Sonya; que junten sus cuerpos amantes; que unan sus almas para siempre, en la eternidad.

El Amante Espacial.

Relato número 16

Nuevamente un relato escrito y mandado por riguroso orden de fechas límites para el concurso literario con el número de convocatoria XXXIV de la Universidad Popular de Mazarrón en Murcia, con la intención de caminar por el Camino de las Estrellas.

EL SILENCIO MAGICO DEL CAMINO
El deseo de vivir nos hace caminar y caminar.

Buscado durante años, el señor Braulio decidió salir de su escondrijo y reapareció ante la ciudad que le dio por perdido. Así comenzó a deshacer el camino por el cuál desapareció hacía ya cuarenta y siete días y un rato. El tiempo ni siquiera había borrado las ondas pisadas que dejó la primera vez que cruzó aquel paraje. Se agachó ante una de sus viejas huellas y acariciándola con la yema de sus dedos musitó con aire ancestral:

Ni siquiera tú, anciano lecho embarrado, que tantas lluvias y bestias has visto acontecer sobre tu lomo, has borrado mi persona de tu recuerdo, ¿cómo esperar que lo hayan hecho aquellos que comieron a escasos palmos de mí y compartieron hogazas de mí mismo pan y el vino de mi propia jarra?

Se reincorporó entonces con gesto preocupado, llevándose la mano derecha a la comisura de sus labios, miró atrás y después nuevamente al frente. Justo antes de reemprender la marcha, se atuso la barba y entonces, como un destello fugaz que acaricia el despejado cielo de una noche estrellada, la sonrisa apareció en su cara. Con la otra mano, recorrió su larga melena e incluso sus ojos rieron aquella ocurrencia. Prosiguió entonces su viaje con paso firme y decididamente puso su destino a Santiago de Compostela.

—En Santiago de Compostela señor, allí adquirí este magnífico ejemplar. Los mejores caballos sin duda.

—He de admitir que no conozco tal lugar, pero le aseguro que si, como dice, es tierra de tan elegantes rocines, prepararé mañana mismo mi viaje y partiré hacia dichas tierras. ¿Podría usted indicarme a buen ojo, como llegar a tal ciudad? Pues haré gran fortuna si consigo traer varias monturas de tan alta calidad para vender entre los mejores jinetes de cada una de las ciudades castellanas.

Robertín era comerciante de todo cuanto caía en sus manos y ante él había aparecido, a un trote suave y casi mítico, la primera visión equina de una nueva fortuna sin explotar. Nunca había visto corcel como el de aquel rudo campesino que recorría las adoquinadas calles de Logroño. Donde su dueño veía un transporte, Robertín vio el nuevo objeto de lujo al que dedicaría su negocio. Tras garabatear las indicaciones de aquel desconocido campesino, montó en su viejo automóvil y se apresuró a comenzar con los preparativos de su partida.

Partida importante la que se jugaba hoy en Santiago de Compostela. El ganador obtendría la alcaldía, por el contrario, aquél que sucumbiese al jaque mate debería abandonar la ciudad hasta la próxima vez que el puesto estuviese en juego, dentro de cuatro años. Esta vez, Don Braulio, alcalde desde hacía más de veinte años, cayó derrotado. No vio venir aquel alfil que había permanecido a la sombra toda la partida y ahora se veía abrumado por la idea de abandonar su tierra, pero sabía que debía hacerlo, como tantos lo habían hecho derrotados por él en aquel viejo tablero de la fortuna.

Querida ciudad, antes de partir quiero agradeceros la excelente convivencia que he disfrutado en esta tierra y decir, que, si nada me lo impide, volveremos a vernos ante esta misma mesa dentro de cuatro años.

Braulio montó sobre su corcel negro y con sus pertenencias a la espalda partió sin mirar hacia atrás, en busca de un nuevo lugar donde asentar su destierro. Se despidió mentalmente de todos los inquilinos de cada una de las casas de la ciudad, asentadas y construidas a golpe de piedra de sillería conformando vetustas calles que a todos y a todas había llegado a conocer y a querer.

—Amar a un hombre, al menos para mí, ya es motivo suficiente, así que madre, por mucho empeño que pongas, nunca podrás impedir mi partida.

—Querida Paula, no puedes salir a la carrera tras él. Ni siquiera conoces sus sentimientos, tampoco su destino, puede que recorras miles de caminos y nunca llegues a encontrar a tu compañero del alma e incluso, puede que le encuentres y que él no te corresponda, ¿qué será de ti en tal caso?

—Si no lo encuentro, pasaré la vida buscándole. Si no me corresponde, será mi corazón quien, ante tal circunstancia, me indique qué debo hacer.

Mientras la madre la miraba con el ceño fruncido bajo el marco de la puerta de la habitación, Paula seguía preparando su maleta, yendo y viniendo al armario, doblando ropa, colocando cada prenda para aprovechar todo el espacio de la maleta, sin levantar la vista de su ocupación, sintiendo los ojos de su madre clavados en su nuca.

—Saldré mañana al amanecer, así que pasemos una última noche agradable, por favor, madre, permanece tranquila, que todo me irá bien.

—Bien, ¡vamos allá! Puso el motor en marcha y con las indicaciones dadas por el campesino situado en el asiento de su derecha emprendió rumbo a Santiago de Compostela. El maletero y los asientos traseros iban cargados de maletas y bolsas, repletas de comida, ropa, enseres y algún que otro objeto de los que Robertín siempre llevaba encima por si surgía la ocasión de hacer negocios.

Días después de salir de Logroño encontró el camino de tierra que constataba en las indicaciones de su cuaderno de campo. Tras recorrer pocos kilómetros del camino se encontró con un carril casi inaccesible para el automóvil. Miró de nuevo sus notas, faltaba aún mucho camino, tenía que seguir como fuese. Apretó el acelerador y se aferró con fuerza al volante.

¡Ja, ja! Los caminos de la fortuna no son tan inescrutables como los del Señor. Y rebotando en su asiento mullido recorrió un tramo de pedregosas, bacheadas y embarradas curvas, hasta que una de las macabras rocas golpeó con fuerza el motor de su vehículo y destrozó por completo los bajos del coche. Una densa humareda comenzó a emerger del capó delantero.

—¡Maldición! Abrió aquella puerta metálica envuelta en denso humo y se le cayó el mundo al suelo, justo al lado de donde podía ver su motor, o lo que quedaba de él. Pero Robertín no se rendía fácilmente cuando había negocios tan suculentos de por medio.

Medio trayecto había recorrido ya el señor Ariel cuando bajo un árbol al pie del camino, arrodillada y con la cabeza metida entre los brazos, vio a una joven cuyos lloriqueos venía escuchando ya hacía un buen rato. Desaliñada y junto a una maleta raída y sucia, el aspecto de la muchacha era desolador, por lo que él no pudo evitar acercarse para ver qué mal la había llevado hasta allí.

—¿Puedo ayudarte en algo? Preguntó tímidamente, pues hacía más de veinte días que no mediaba palabra con persona alguna.

—Gracias, señor, pero me temo, lloriqueando sin cesar, que la pena que me asola es imposible de consolar más que por una sola persona, de nuevo se echa a lloriquear, y por desgracia no es usted la persona.

Él se sentó junto a la joven y sabiendo ya que el problema era de amores, comenzó a hablar con ella y así descubrió el por qué vagaba desde hacía semanas perdida por aquellos caminos en busca del hombre del que se hubo de enamorar en su tierra. No mencionó en ningún momento que él también salió un día de Santiago de Compostela, pero sí que era su destino actual y que la acompañaría a casa si ella así lo quería. Paula, rendida por la soledad de su caminar durante tantos días sin encontrar rastro alguno de don Braulio y con todas sus pertenencias en estado lamentable, decidió volver junto a su madre en compañía de aquel señor amable que apareció en su camino.

Camino de su nueva vida en una ciudad distinta fue que don Braulio se encontró con un señor bajito que se empeñaba en cargar montones de maletas y bolsas sobre su espalda. La cómica imagen de aquel hombre envuelto en cuerdas con las que intentaba aupar su gran equipaje a su pequeña espalda le hizo detener su flamante caballo negro e intentar ayudarle.

—¿Puedo ayudarlo en algo, amigo? Robertín se giró al momento que se le derrumbaba la montaña de bultos de su espalda y maldiciendo entre sudores se acercó al caminante, pues la imagen de aquel magnifico equino a las espaldas de este, levantó de golpe su maltrecho ánimo.

Hablaron largo y tendido de los motivos de cada cual para andar perdidos en aquel camino. Así Robertín llegó a un acuerdo con el jinete, pues ambos habían dejado su hogar en busca de nuevas tierras. Le entregó las llaves de su casa en la ciudad de Logroño a cambio de que llevara su equipaje a lomos de su caballo y don Braulio hizo lo propio entregándole la llave de su ahora vacía casa de Santiago de Compostela.

—Cuando haya comprado los caballos que necesito, volveré a la ciudad que me vio nacer y le devolveré la llave, cuide de mi hogar entretanto.

—Muchas gracias querido forastero, pues el destino de estas veredas ha querido entregarme un nuevo hogar, que si no definitivo, pone rumbo a mi vagar y me lleva a unas nuevas tierras. Cuide usted también de mi casa y disfrute buenamente de su destierro en la que fue mi ciudad, pues le aseguro que no habrá conocido tierras tan magníficas como aquellas.

Ariel, junto a Paula entraron caminando por aquellas viejas calles, con sus pintorescas casas, con olor a humedad santificada y de vivos colores, todo le era familiar. Parecía que nunca había abandonado su ciudad y esperaba que, gracias a su crecida barba y su larga melena, nadie lo reconocería y así, nunca tendría que volver a abandonarlo, pues no había lugar en el mundo que pudiese sustituir su ciudad ni en el que él quisiera vivir más que allí. La muchacha corrió entonces rumbo a su casa y él se dirigió a la plaza. Allí quedó sentado por horas eternas, por fin había regresado a su hogar y ahora ni siquiera tenía donde dormir en lo que siempre había considerado su ciudad. Tendría que empezar desde el principio, una vida nueva. Pero en ese instante sólo quería permanecer allí sentado, en su añorada plaza porticada.

Por otro lado, apareció al atardecer de aquel mismo día un hombre a lomos de un magnífico caballo negro. Este se acercó al señor Ariel y le preguntó:

—Disculpe buen hombre, ¿podría decirme cuál es la casa del antiguo alcalde don Braulio.

—¿Antiguo alcalde?

—Sí, ¿no estoy acaso en la tierra de Santiago de Compostela?

—Así es, forastero, está usted en la ciudad de Santiago de Compostela y si no me equivoco la casa de don Braulio está justo allí.

Señaló con el dedo incluso antes de que el recuerdo se esclareciera en su mente, sabía cuál era la casa, pues Don Braulio ya era alcalde cuando él se vio obligado a abandonar la ciudad, de hecho, Don Braulio fue el motivo de su huida. Pero aquel hombre habló de él como el antiguo alcalde, con lo que pudo entender que por fin y tras muchos años alguien le había derrotado al ajedrez. Si Don Braulio ya no mandaba en Santiago de Compostela, él ya no tenía ningún motivo para ocultarse. La fortuna le había sonreído tanto como él mismo sonreía ahora. La felicidad le hizo derramar varias lágrimas antes de ponerse en pie y con paso firme, dirigirse a su hogar, pues ahora sí podía decir a su querida familia que había vuelto, no tenía por qué emprender una nueva vida, sólo tenía que retomar la suya. No recordaba haber sido nunca tan feliz.

Feliz de volver a ver a Paula, su madre no le reprochó en ningún momento su partida y se abstuvo de jactarse con un "te lo dije", simplemente se había dedicado a abrazarla y ahora le preparaba el almuerzo con todo su cariño. En ese instante sonaron con cierto ritmo en la calle empedrada los cascos de un jamelgo que se acercaba. La sorpresa fue el sentir como los pasos del animal cesaron justo en la puerta de enfrente a su casa. Los ojos de Paula se abrieron como platos y salió disparada de la mesa hacia la puerta. Al abrirla el gesto le cambió por completo.

—¿Quién es usted?

—Hola joven, mi nombre es Robertín y durante mi estancia en esta ciudad, ocuparé la casa de Don Braulio, antiguo alcalde de Santiago y por petición de él mismo seré su nuevo vecino. Añadió una gratificante sonrisa.

Paula le dijo:

—¿Y sabe usted donde se encuentra Don Braulio, caballero?

—Claro, él se hospedará en mi hogar, en la espléndida ciudad de Logroño, mientras yo ocupo el suyo, en Santiago de Compostela.

Los ojos de la muchacha volvieron a abrirse llenos de sorpresa y casi suplicando se acercó al extranjero.

—¿Podría usted darme la dirección de su residencia en Logroño?

Así, Paula, sin tan siquiera despedirse de su madre, abandonó nuevamente la ciudad para encontrarse con el hombre al que amaba, sin importarle ya el largo camino que aún les separaba. El mismo camino que había realizado un desconocido, los había puesto de nuevo en contacto con su amor. La misma vereda que tantos otros habrían recorrido antes y otros mucho recorrerían después y que con cada caminante se transportarían la dicha o la desdicha por todo tipo de parajes con las más dispares historias contadas.

Historias que se cruzan en el camino de la vida y sin más relación que el caminar, por caminar acaban formando inevitablemente, partes de una misma historia.

El caminante errante.

Relato número 17

Nuevo relato corto a concurso, escrito con pura ficción o una fantasía lejana en el tiempo, pero inspirado para y con el motivo del día del libro celebrado como siempre y año tras año en la Universidad Popular de Palencia, el 23 de abril.

LA PRINCESA CHILENA

Fue un sueño o fue una realidad, pero nació en una noche despejada y libre, una noche sin convencionalismos tras una pantalla iluminada.

Ella dice haber nacido mirando al océano Pacifico y protegida por la más bella y la más estirada cadena montañosa del Nuevo Mundo, llamada la Cordillera de los Andes que van desde Canadá hasta el sur de Chile.

—Ella dice ser heredera no lejana de los aguerridos y príncipes araucanos que combatieron con valentía contra las terribles y desastrosas invasiones a sus antiguos territorios.

—Ella dice ser la representante única de esos diezmados guerreros de la Araucanía, la tierra libre y fértil entre los ríos Bio-Bio y el Calle-Calle, la tierra que abraza el mar.

—Ella no dice, pero la observo unos rasgos firmes y rectos, un cuerpo bien proporcionado, donde no sobra ni falta nada, con unos ojos grandes, negros y brillantes, para ver mucho espacio sin horizontes, para escrudiñar el sol poniente, para evitar los focos transparentes y artificiales.

—Ella no sabe, que lo único que sobra de verdad es la lejana distancia, el espacio comprendido, entre ella y el mío.

—Ella no dice, pero presiento en todas sus intervenciones virtuales un carácter puro, un lenguaje fluido, noble y sincero, siempre emanando tranquilidad, sosiego y respeto.

—Ella sabe que sus costumbres y su cultura cierran una evolución hacia los mundos imaginarios, intangibles, casi reales.

—Ella no sabe o no quiere saber, que su cuerpo bello y su alma despierta ilusión para la gente lejana, personas que no dejan de contemplar su belleza, sus sinceras palabras, su condición casi reala.

—Ella no sabe y posiblemente no sabrá nunca, que es mi princesa chilena, la princesa de mis sueños espaciales y virtuales.

El espectador.

Relato número 18

Relato escrito y que contiene numerosos episodios tristes para el concurso literario con el número de convocatoria XXXV de la Universidad Popular de Mazarrón en Murcia, pero eso es lo que hay y así está escrito de mí puño y letra.

EL ÚLTIMO VIAJE EN EL TREN PLAYERO

Todo empezó una noche de verano cálida en una cama estrecha de hospital. Así de repente, descansaba sin mucho entusiasmo un niño huérfano de padre y madre con aspecto enfermizo, su nombre es lo de menos, pero lo llamaremos Oliver, su única ilusión era que quería viajar en el tren playero un día cualquiera de este inmediato verano, pero como el mundo nunca este hecho a la medida de los pobrecitos, ese deseo se quedaba en una esperanza vacía que, con el paso del tiempo, se convertía en algo complicado de realizar.

La triste realidad se presentaba ya próxima, no era bastante la imaginación desbordante de un niño huérfano, cuando este, de salud precaria, no ha tenido parientes en los cuales afianzar su futuro, cuando no ha tenido el consuelo de un padre paciente y unos abrazos de madre amorosa, cuando su salud iba siendo cada día más delicada. Oliver finalmente, se adentra en la aventura de encontrar el tesoro más escondido, que algunos seres humanos los tienen olvidados; los sueños fantásticos.

Pero, como en todo buen cuento de hadas, surgió de su propia fantasía; soñó con un viaje de ilusión; soñó con un día de playa, como si durante los últimos veranos hubiera estado frotando una lámpara maravillosa sin parar, y que hiciera acto de presencia en el último momento, cuando la esperanza y la definitiva rendición, estaban separadas, por una ínfima y delgada línea de sangre. Este servidor y cumplidor de los sueños, llamado Genio le dio la oportunidad, tan particular para Oliver, de escaparse de esa cárcel, de salir un momento del cuerpo maltrecho, en el cual estaba recluido.

A partir de este principio ensoñador, el reloj grande colgado sobre la pared de la clara habitación se convirtió en su peor enemigo; el tic tac sonoro, se hacía inquietante, y en algunas ocasiones, inaguantable; el minutero..., vil aliado de la aguja que marcaba el tiempo, la hora exacta. Por todo ello, los minutos se hacían horas, y los segundos, minutos... La espera se fue transformando en un orden cronológico y en sentido del tiempo, a una fecha señalada.

La estación.

Aun así, Oliver consiguió bajo ese día imaginario, llegar a su destino: la estación del tren playero.

Muchas personas al ver entrar a Oliver en la estación de trenes le observaban como a un forastero, como un intruso pequeño y enfermizo, le preguntaban al unísono, - ¿dónde están tus padres? ¿Acaso te has perdido? ¿Qué vienes a buscar aquí? Toda una sinfonía de palabras malsonantes para después de un rato, olvidarse de su melancólica cara.

Oliver tenía su propio motivo, para viajar en el tren playero, por el cual estaba allí en la estación del ferrocarril. Y aunque, la gente sentada en los duros bancos de la estación y paseando entre los andenes pensara que tal vez adoleciera de algún problema psíquico, su ilusión se mantenía inquebrantable, se acercaba a su sueño final. Más, para la gente no era otra cosa que un pobre niño, más parecido a un alma en pena, pululando por la estación, en busca de algo o de alguien que había perdido. Él sólo quería viajar en el tren playero y nadar feliz sobre las olas en un día soleado de playa.

Sin embargo, Oliver no cejaba en su empeño de lograr su deseo, y con gran rapidez buscó, a alguien dispuesto a darle esa última voluntad, pero siempre teniendo en cuenta que, en esos momentos, el tiempo era lo único que pasaba.

El hecho de ser niño dificultaba más la situación. "No molestes", o "este lugar no es para niños", eran los comentarios más generalizados de las gentes que transitaban por la estación. Pero cuando sus esperanzas, comenzaban a menguar, encontró a una persona, que le recordaba alguien de su pasado más reciente.

El Genio de la lámpara soñadora realizo su papel de mago e hizo aparecer a una mujer joven y voluntariosa de aspecto muy tierno y con una cara de amiga, que, al verlo, le sonrió sin reparo. El pequeño Oliver corrió con alegría tras ella, y tras oír la conversación que esa mujer, a la que ya consideraba un ángel, mantenía con otra empleada de la estación, en relación con su viaje, su ilusión se vio correspondida. Ella vestía un traje de espiga como de funcionaria de gala y sobre la cabeza cerrando su larga melena rubia una gorra de plato, coloreada de rojo en la parte superior. Pudo comprobar Oliver que era una azafata de las que mandan en el tren playero y le hablo de su problema; quería viajar por primera vez en tren e ir un día a la playa. La mujer, le espetó que tenía mucho trabajo..., pero tras ver esa mirada triste en el pequeño, accedió a su acompañamiento. Dijo unas palabras que para él no eran nuevas; ya que las había escuchado antes.

—Tranquilo, Oliver, te prometí que yo sería la conductora de tus sueños.

—Una sonrisa se dibujó en la cara del pequeño.

Cuando llegaron al andén donde se encontraban algunas locomotoras a punto de partir, el niño no pudo evitar sorprenderse al ver tales máquinas, grandes, negras y con las líneas de estilo pintadas de rojo y amarillo. Son las máquinas buscadoras de caminos de hierro que van por mundos lejanos y ayudan a conciliar los sueños infantiles, el deseo que tienen de alcanzar la madurez. Oliver y la azafata se subieron a una antigua locomotora de motor ruidoso, que arrastraba múltiples vagones repletos de niños y adultos que iban cargados con bolsas coloreadas. Antes de partir miró por última vez la gran nave de la estación. Desde su perspectiva en lo alto de la locomotora se fijó atentamente en las personas que antes le olvidaron, en la marquesina alta y transparente vistiendo sus mejores adornos, como si adivinaran todos los presentes que Oliver tenía que cumplir su sueño.

Partieron pausadamente.

El viaje.

Se cerraron las puertas de la locomotora con aire a presión y silbante. Ahora estaban en la cabina del jefe de máquinas.

La salida de la estación fue suave y la elevación de la velocidad paulatina, con la idea de no causar miedo al pequeño, conducción profesional de un amante de la locomoción y el circular por raíles, destino, con una única dirección; la playa.

El día se presentaba maravilloso para el pequeño. Traspasaban la ciudad bulliciosa y pudo contemplar lo que antaño fue su casa, lugar donde paso su corta infancia. Desde otra panorámica pudo observar el colegio, el parque al cual hacía ya un millón de años que no iba. La mente le hizo recordar buenos tiempos que estaban en el pasado lejano y que siempre los había tenido muy distantes, aunque estos tuvieran la fecha de caducidad de un ayer. Al encontrarse por encima de la ciudad, sabía que no había perdido el tiempo, que los acontecimientos se enlazarían, para formar un recuerdo imborrable.

Los acontecimientos que sucedían resultaban novedosos, sentimentales, estaba feliz. En cualquier momento, se pondría a llorar de puro contento.

—No. ¡No! ¡Todo es mentira! Yo, lo que quiero, ¡es viajar en el tren playero! ¿Acaso es pedir demasiado? Es mi gran deseo y no pido más.

El pequeño Oliver miró a la mujer de rostro angelical que le acompañaba y una lágrima, imperceptible para la azafata, bajo lentamente por su mejilla. Con dolor en el pecho, como nunca había sufrido logro balbucear un profundo...

—¡Adiós..., hospital, adiós ciudad triste y dolorosa!

Dentro de la sala de máquinas, el jefe abrió el compartimiento especial para personas ilustres, a la que previamente le había quitado el seguro de la puerta con discreción, y Oliver se lanzó al asiento mullido. La última voz que oyó fue la palabra melosa que la azafata profirió.

—¡Siéntate cómodamente y a disfrutar del viaje!

La cabina era de ensueño, había cuentacuentos, televisión en color, videos, juegos de la última generación, golosinas. Se convirtió en un viaje vertiginoso en espiral que cualquier persona adulta no habría soportado. Pero para el pequeño, era su sueño hecho realidad. Lo había ansiado tanto que se puso a llorar, lagrimas que se perderían en el aire y nunca llegarían al suelo.

En ese momento, volvió a aparecer ese 'genio', que antes ya había cumplido el deseo de sacarlo de su confinamiento, esa hada madrina que, en todo cuento de hadas, aparece en el último momento para dar la última esperanza.

—Le dijo, a portarse bien, que es tu último viaje a la playa.

Las olas del mar.

Llegando al destino, a Oliver se le fue frenando su nerviosismo poco a poco, conforme rodaba por encima de la arena de la playa, hasta llegar a posarse sobre una de las olas saltarinas, también pequeña, como él. Para él era como si todo lo anterior nunca hubiera sucedido, como si fuera un sueño; un sueño encantador, del cual parecía que acababa de despertarse.

Recordaba como una persona querida de su infancia, le arropaba todas las noches y le contaba las hazañas de intrépidos aventureros, de grandes tesoros y de temibles piratas, las mil y una travesuras de niños perdidos en islas paradisíacas, y él vio la gran diferencia entre las olas que surcaban la arena, las había blancas, que parecían buenas y las negras, parecían malas. Se agarró firmemente y se dejó llevar por su ola buena.

Era de un azul intenso con espuma blanca.

—Con ella estoy un poco más cerca del cielo.

El tiempo era escaso para hacerse amigo de las olas, imperceptible para el niño, le construyeron lo que él en verdad soñaba: un mundo a su medida, donde poder tener un compañero, un verdadero amigo y soñar juntos. Y la sensación era diferente, sublime, pues las olas le subían hasta lo más alto de la cresta, donde el aire esta cálido y era traspasado por el sol, por donde ni las grandes peces se atrevían a mover sus aletas, las olas le dejaban caer para poder nadar, y luego recogerlo. La ceremonia se iba repitiendo una y otra vez.

Más, a pesar de la felicidad que le embargaba por todo el cuerpo, sintió un vacío en lo más profundo de su corazón. Podía percibir, perfectamente, que no había alcanzado su deseo. Y el hecho que, de nuevo, el ya casi olvidado reloj se le hiciera perceptible, acrecentó su dolor interior, al grado tal, que se dio cuenta que no podía comprar más arena para su reloj particular. Su tiempo expiraba.

—Sí..., si, por eso se lo pidió al genio.

Las olas le mecían.

Él sabía que, acabando el sueño, todo se acabaría para siempre.

Hasta el momento todo lo ocurrido, el surcar por los campos floridos desde su locomotora viajera, el tirarse y verse sorprendido cayendo encima de unas olas voladoras y que esta le recogiera una y otra vez, dándole la oportunidad de nadar, no eran más que un acercarse, asomarse, a ese sueño que guardaba muy bien en su corazón. No quería reconocerlo, pero hasta el momento se había sentido bien por y con los pequeños detalles, que le habían conseguido engañar. Pero, busco en el interior de su corazón la sustancia de ese sueño. Al final la halló.

—¡Viajar en tren y nadar en la playa por primera y última vez! grito el pequeño Oliver.

Viajar en tren y nadar en la playa, sin preocuparme del futuro, de las consecuencias de su precaria salud, de las prohibiciones del día al día. Ser, ¡libre! Quería experimentar esa sensación.

—Sí, eso quiero. ¡Vale! Hasta el momento he viajado, he andado, pero no ha sido total, porque la fortuna o tú me habéis recogido, cuando a punto estaba de conseguir mi sueño. Quiero hacerlo, entre sollozos, por favor, genio, azafata y compañeros de viaje, entenderme. Hemos pasado todo un día juntos, pero no me dejéis solo. Mi tiempo se acorta, ¡*sinn*! Es mi último deseo…, ¿lo entendéis? Nunca os olvidaré… Siempre os llevaré en mi corazón. Dejarme hundir sobre las olas cálidas, dejarme ir para siempre.

Las olas abrieron su superficie líquida y Oliver descendió poco a poco, hasta que no hubo altura, hasta que toco sobre el fondo de la arena.

—Gracias. ¡Adiós!

Cuando las olas lo dejaron por completo sobre la arena, la duda e incluso el miedo, afloraron en el pecho del niño. Las olas ya no volverían a recogerlo. La fortuna no le sonreiría de nuevo. Ni hada madrina, ni su genio conspirarían para recoger al niño. Se sentía como el mejor nadador del mundo, participe de espectáculos circenses que vagamente recordaba, donde el aclamado deportista hacía lo más difícil todavía, logrando piruetas imposibles, riéndose de la gravedad y del resto de los mortales, sin flotador. Ahora definitivamente podía decir que estaba volando.

—Ya no tenía miedo.

A la llegada de la puesta del sol se volvió abúlico, pero no le importaba; radiaba gozo, felicidad, cosas que su corazón parecía que hubiera olvidado o como si nunca las hubiera sentido.

Conforme se acercaba más y más a las consecuencias de sus actos, recordaba todo lo andado: el tren, ver su colegio antiguo, su colorida casa la cual casi ni recordaba, la mujer de rostro hermoso que la acompaño en su sueño, la estación, la playa., sí, todo aquello era precioso y lo quería guardar en su corazón, en su mente, para que ese recuerdo fuera imborrable, de por vida. Habían sido bonitos años, a pesar de las lágrimas derramadas... pero todo tiene su fin.

Su viaje en tren, su día de playa, finalizó. Toco el duro fondo del suelo frío.

Un mundo sin medida

Cuando el pequeño Oliver recuperó el conocimiento, pudo ver la habitación pintada con tonos muy claros, que durante los últimos 2 años había sido su casa. Se levantó, todavía trastornado, pensado en si su amiga la azafata o el propio genio, le habían faltado a la palabra y finalmente le hubieran atrapado antes de llegar al suelo. Pero..., no. Había caído de la cama. Normalmente se tiende al resentimiento cuando soñamos algo precioso y somos despertados. Más el niño, no se enfadó. Rio como nunca lo había hecho. Sí, todo había sido un sueño, pero la tregua que el tiempo le había concedido para cumplir ese deseo, aunque fuera en el subconsciente, le pareció suficiente. Ya estaba harto de pelear y luchar con todos los médicos y con todas enfermeras de la planta, estaba en verdad cansado de tantas palabras vacías. Oliver pensó que era lo mejor dormir su última noche, así que arreglo despacio su cama y apagando la luz, de la pequeña lámpara de mesita que tenía a su derecha, esperando por fin descansar, durmió en paz, sin preocuparse del mañana ni de sus consecuencias.

Esa era la última noche de Oliver, en la habitación 314 del Edificio Principal de una calle sin número cuya entrada tenía un rótulo muy singular, por el cual toda la ciudad lo conocía. El letrero rezaba así:

Hospital General Infantil de Enfermos Terminales.

EPÍLOGO

En muchas ocasiones la delgada línea que separa la vida de la muerte no es más que un cúmulo de sueños, esperanzas, proyectos, a simple vista irrealizables, pero que obliga a aferrarse a la vida. Por ello, las esperanzas nunca deben de ser vacías, porque las esperanzas vacías destruyen el corazón de los seres humanos.

Oliver

Relato número 19

Otro relato escrito de pura fantasía y más lejos de la realidad, fue para el concurso literario número XXXVI de la Universidad Popular de Mazarrón en Murcia. Hay que señalar que esta convocatoria se abría por el mes de octubre, se daba de un plazo hasta la última semana de febrero y se valoraba en el mes de julio para comunicar por escrito a los finalistas o uno de los tres ganadores, los cuales tenían que ir a recoger personalmente el premio a la Universidad Popular de Mazarrón.

SUEÑOS DE VERANO

Me contaron en cierta ocasión que la sabiduría de un hombre o de una mujer nace de la propia experiencia que van adquiriendo en el vivir del día al día y gracias a esas pequeñas o grandes experiencias acumuladas en el tiempo deben superar las etapas buenas o las etapas malas. Quizás estas líneas sean el principio de una bonita historia duradera y de amor. Y desde luego, siempre serán dichosos los párrafos que nos vienen a la memoria, serán tan verídicos como para poder narrarse sin complejos personales. Incluso es posible que al escribir estas sencillas cuartillas con todos los acontecimientos ocurridos en este caluroso sueño de verano se hagan inmortales en el tiempo. Por otro lado, parece ser que lo único que se mantiene vivo con el paso del tiempo son las obras o los recuerdos, suponiendo que los recuerdos y las obras se cuenten a viva voz, o se escriban, o alguien las herede de alguna forma. También puede suceder, que estas aventuras tan humanas y llenas de vida, no pasen de unos folios garabateados y perdidos en las sombras del olvido.

El sueño imaginario con matices de historia romántica comenzó un día cualquiera del mes de julio, cuando más se asentaba el calor y el sol plomizo del mediodía sobre la tierra reseca de Barajas. Allá a lo lejos, los grandes aviones brillantes de luz van descendiendo como grandes aves panzudas, en intervalos ajustados e intermitentes según el tiempo que demanda el cliente. Caen arrastrándose por una pista larguísima, dura y horizontal hasta parar totalmente sus ruidosos motores y se encadenan unitariamente bajo un control automático a túneles huecos y corredizos. Y como maniobra final, acaban por comunicarse directamente con los vestíbulos aduaneros, para depositar a los sufridos pasajeros con plenas garantías de que ninguno se pierda antes de llegar a su destino pagado.

El aeropuerto más moderno de la capital de España es sin duda el Gran Barajas. Tristemente dejaron en él su huella asesina los malvados terroristas, fustigando y destruyendo casi en su totalidad el aparcamiento de La Terminal 4. Frente al drama, el acto criminal fue rechazado por la población en su conjunto y fue uno de los más graves atentados y más recientes que sufrió el aeropuerto en el mes de diciembre del año 2006.

El milagro de la técnica constructora reparó y restauró con la mayor brevedad posible La T 4. Ya en la actualidad, las numerosas gentes que circulan por el interior del aeropuerto sólo piensan en los fines de su movilidad espacial y casi tienen olvidado el evento macabro, y como sin poder evitarlo, se aprovechan de la temperatura acogedora de sus instalaciones interiores bajo la techumbre de la marquesina principal. Las diferentes salas para el público insertas en lo mejor del aeropuerto están repletas de pasajeros; en general parecen variopintos, los más abundantes son los nacionales, también hay muchas personas internacionales, casi todos están despistados o con prisas. Por seguridad climática para ellos, mientras esperan su vuelo, en un caluroso día de verano y como premio a la osadía de sus gentes y a su paciencia, reciben un aire acondicionado y artificial, y se resguardan bajo el tórrido calor de las horas centrales veraniegas del Madrid moderno.

Dentro de este mundo fantástico y real, circula como uno más, El Caballero Errante. Es de porte mediano y delgado, con nariz grande y recta, mantiene la frente despejada. Su menudo cuerpo parece bien proporcionado por el hábito diario en el quehacer deportivo, pese a su madurez, pese a sus años, sigue siendo un profundo corredor de fondo.

Por otro lado, El Caballero Errante posee una fuerte personalidad, pero es sensible y emotivo, aunque no por ello deja de ser capaz de asumir toda clase de responsabilidades y decide por si mismo como debe ser su propia vida. Si de algo peca, es de ser poco diplomático y ciertamente algo autoritario, sólo cuando se enfada. En general, parece tímido, algo nervioso y nada oportunista, aunque posee buenos reflejos para captar los grandes sucesos. En el amor puede ser apasionado y un ardiente compañero. Sin embargo, los años le van pasado factura y la obligada abstinencia en el amor le hace ser un poco torpe con las mujeres, incluso, siempre intenta disimular sus debilidades humanas dominando la técnica de la relajación muscular y del control mental, pero tan sólo dispone de su fuerza de voluntad, de su constancia y de su trabajo diario para conseguir los propósitos o las metas que desea.

Llegada la fecha citada, El Caballero Errante andaba enamorado y esperaba a su amada; La Dama Lejana. El afortunado amante merodea entre los nerviosos pasajeros, como uno de tantos, pero el calor y los nervios invaden sus agotados músculos y se le notan sudores y sonrojos. A cada momento fijo de tiempo, los altavoces no dejan de comunicar con voz grabada y metálica los diferentes movimientos del transporte aéreo, los horarios de los vuelos, las entradas o salidas al aeropuerto, las llamadas de último aviso a pasajeros retrasados. Obligado por la espera, El Caballero errante permanece en quietud junto a la puerta de aduanas, casi no atiende a los casos ocasionales pues son discontinuas las llegadas de masa de gentes, vienen a rachas, como el viento del norte, según los vuelos. Las circunstancias del tiempo en espera son ociosas y sin poder evitarlo le invitan a observar y a mirar a los despistados pasajeros, casi todos ellos llegan con voluminosos equipajes entrando rápidos por la única puerta habilitada y oficial. Él no cesa e intenta siempre localizar a la persona que busca, pero también los pasajeros que entran de nuevos se inquietan, observando con los ojos muy abiertos a todo el mundo, por si ven la mirada templada y acogedora de algún familiar o de algún amigo que los reciban a su llegada.

Por otro lado, matando el tiempo el Caballero errante, se entretenía en descubrir y criticar a los transeúntes, intentando encasillar su nacionalidad, su origen, su grado de estado emocional, sus más o menos cansancio o su puro nerviosismo, mira a través de sus caras y de sus indumentarias. Prudente él, se reservaba en su interior los comentarios y las críticas negativas o las positivas, no fuera a ser que los implicados le oirían y le llamasen la atención o preguntasen por situaciones comprometidas. El Caballero errante, aunque disimulaba su presencia en la sala, era uno de tantos, y esperaba intrigado y nervioso a una persona que nunca la conoció en persona, que sólo la vio en fotos y en una pequeña pantalla de un portátil pagado a plazos rigurosos, suponía que no es lo mismo; ver que conocer. Siempre quedarían pendientes las dudas visuales, las intrigas que juega la vista en el desconocimiento personal del interior de un ser humano.

Pero las situaciones reales siempre tienen sus orígenes en el tiempo y por lo tanto en el nacimiento de los acontecimientos. En honor a la verdad, este encuentro se concibió ocho meses atrás, a raíz de un programa interactivo y bajo una situación de larga expectación con tristezas, desamores, miedos y dudas incluidas. Surgió por la pérdida del amor y cuando ya no parecía tener fin el desenlace personal, vino al pronto la alegría, la esperanza, la cita, el sueño de un verano cálido.

Según nos cuentan, el contacto comenzó sencillamente de la siguiente manera:

El Caballero Errante en una fría mañana de invierno estaba tímido y solitario, al ver la figura de una Dama detrás una pantalla iluminada, se dijo allí mismo, mirando a la persona que tenía enfrente; si sueño un sueño solo, solo será un sueño pasajero, casi olvidado, pero si soñamos juntos los dos, puede hacerse real nuestro sueño, y así es como nació su añorado sueño. La primera charla del Caballero errante con la Dama Lejana, comenzó con total libertad, se hablaron sin miedos, sin prejuicios, pensando en una posible amistad, en un futuro encuentro.

La Dama Lejana decía, en su primera conexión, haber nacido mirando al océano Pacífico y protegida por la más bella y la más estirada montaña del Nuevo Mundo; los Nuevos Andes.

La Dama Lejana decía ser heredera casi directa de los aguerridos y de los príncipes mapuches, dirigidos por Lautaro y Caupolicán, los que combatieron valientemente contra las terribles y las desastrosas invasiones que numerosos extranjeros aplicaron a sus antiguos territorios en la Guerra de Arauco.

La Dama Lejana decía ser la representante casi única de esos diezmados guerreros llamados: los mapuches. Ellos poseían una tierra libre y fértil comprimida entre los ríos Bio-Bio y el Callecalle, ellos labraban con cariño una tierra madura y bien regada que abrazaba el mar, esa tierra castigada por terremotos y tsunamis.

La Dama Lejana no dice nada de cómo es, pero el Caballero Errante la observa unos rasgos firmes y rectos, un cuerpo bello y bien proporcionado, donde no sobra ni falta nada, posee unos ojos negros grandes y resplandecientes, para poder ver mucho espacio sin horizonte, para buscar el sol menguante de poniente, para evitar los focos transparentes de la luz industrial.

La Dama Lejana no sabe, que lo único que la sobra de verdad son los kilómetros de distancia que los separa, el espacio comprendido entre ella y el espacio vacío del Caballero Errante, el que la observa sin pestañear.

La Dama Lejana no dice, pero presiente amor y hace sentir pasión e ilusión en todas sus intervenciones, todas tienen un carácter puro, con un lenguaje fluido, noble y sincero, siempre emanando tranquilidad y sosiego.

La Dama Lejana sabe que sus costumbres cierran unas culturas diferentes, con evolución hacia unos mundos modernos y globalizados, hacia mundos imaginarios, hacia mundos intangibles, casi irreales.

La Dama Lejana no sabe o no quiere saber, que su cuerpo y su alma despiertan ilusiones, amores, y deseos para las gentes alejadas, para la persona que no deja de contemplar su belleza, que escucha sus sinceras palabras, que imagina su condición casi real.

La Dama Lejana no sabía y posiblemente nunca supondrá, que era llamada como una auténtica princesa chilena, que era la princesa lejana de los sueños añorados del Caballero Errante.

Y por fin llegó la fecha de la cita, el esperado sueño de verano. En este imaginario sueño, que tenía despuntes de realidad, fue tomando consistencia con el tiempo, este que casi todo lo cura. A raíz de la cita ya las charlas se hicieron más animadas, casi diarias, fueron madurando las esperanzas, las muchas ilusiones se fraguaron poco a poco y se centraban en la confianza mutua tomando personalidad. Pero no todo fue un camino de rosas, había largas distancias, había escasez económica, había fronteras, había políticas discriminatorias y anti raciales.

A la hora prevista, La Dama Lejana, tras cruzar el umbral aduanero fue reconocida de inmediato por el Caballero Errante. Estaba deseoso de conocerla, la deslumbraba su valentía, su porte, su energía. Sólo hubo tiempo para un vistazo superficial, para un beso fugaz, para un hola de presentación y para una obligada toma de contacto. El encuentro fue sencillo y rápido, se retiran del mogollón de gente y con la maleta rodando se apresuran a salir de La T 4 hablando sin cesar, querían y necesitaban encontrarse completamente solos y poder así planificar en la intimidad, todo un futuro veraniego.

Ya libres de las miradas solapadas de las gentes, la pareja nueva se acomoda en el auto rojo que los llevará raudo y veloz hacia las afueras de la capital, a un paraje o a una ciudad veraniega. Y por fin libres y juntos tienen su momento esperado de tranquilidad. Se miran a los ojos y se hablan calladamente de muchísimas cosas a la vez; de los pormenores del largo viaje, de la revisión exhaustiva en la aduana, del primer encuentro.

Pese a que la tarde transcurre muy calurosa y seca, la nueva pareja de enamorados se mantiene feliz y sosegada. Pronto buscaron alojamiento, para dejar el equipaje, para descansar, para empezar a amarse de verdad y para estar juntos casi todo el verano.

El dueño del hotel donde se hospedó la pareja amante sólo pidió las credenciales al Caballero Errante. El responsable de la recepción, cuando los aloja, habituado a pasajeros y a turistas, se lio con un soliloquio parloteo de comentarios ocasionales y de formalizaciones sociales con la simple intención de que estuvieran cómodos y bien atendidos.

Ya asentados en la soleada habitación del hotel, se engendró un amor profundo de verano, no dejaron de comunicarse nunca, tenían mucho que contar, grandes proyectos que compartir en el futuro. Después de una ducha obligada y reconfortante casi sin darse cuenta, se fueron desvistiendo, con parsimonia y con devoción, tenían todo el tiempo del mundo para ellos. En todas las acciones que realizaban se iban observando sin sentir vergüenza, como si se conociesen de toda la vida.

Llegó el momento más íntimo del amor, después de muchos años de incontinencia carnal, la anguila escurridiza del macho penetra en la cueva caliente y profunda de la hembra, sin hacerse daño, sólo explorando y sintiendo la gloria mutua, acariciando las sensaciones del interior, que no acabarán de apagarse en todo el verano.

La pareja de enamorados; el Caballero Errante y la Dama Lejana tras unos breves y tímidos gemidos y con toda la libertad y el amor del mundo, culminan en un acto puro y natural que los une en un abrazo común. La nueva adrenalina que fluye por sus cuerpos bajo un sueño real alcanza a la pareja sin contratiempos. Y por fin se cumplió la promesa implorada un cierto tiempo atrás; fue esa tarde de verano soñadora cuando sintieron celestialmente los trinos de los pájaros cantores, los murmullos del agua cristalina, las tormentas lejanas y milagrosas, la felicidad de conocerse, la razón de amarse.

Los días del verano pasaban sin querer, ellos intentaban conocer, aprovechando los lugares nuevos, conversan y hacen amistades con numerosas personas de diferentes lugares, pasean o caminan bajo el sol, se resguardan bajo las sombras, inician nuevas aventuras cada día, se bañan en playas y ríos calientes, viven siempre activos y comen de las mismas comidas, comparten juntos los escasos caprichos que conservan, y en general valoran sus diferentes culturas.

Al cabo unos días de ociosidad negociada, un día cualquiera del sueño veraniego, la pareja emprende un largo camino de peregrinación trascendental; El Camino a Santiago Francés, desde su inicio. En él son acompañados por cientos de peregrinos, que hacen y repiten las mismas actividades diarias; especialmente caminar y caminar, pero también ocurren ciertas aventuras dignas de narrar.

Una de las escenas más llamativa fue la siguiente; el intento de secuestro de la Dama Lejana. La acción fue vista y no vista; la pareja se hallaba muy agotada, con mucho calor y tumbados en la cuneta, cuando aparece en un vehículo lujoso, un arrogante conductor vestido de domingo. Sale y se pone a hablar con mucha alegría y con mucho descaro, después de ver el poco ánimo de seguir caminando de la propia Dama, la invita a subir a su coche y llevarla al próximo albergue, pero razonando un poco la pareja de peregrinos, opinan que si monta en el coche a saber dónde la llevaría el malvado conductor, pues el siguiente albergue quedaba más bien lejos, así que optaron por mandar a paseo al turista de aire altruista y de morro sensacionalista y alzando en alto su recio bordón, siguieron caminando después de tomarse un nutritivo refrigerio y retomar de nuevo las energías menguadas, completando la etapa prevista.

Otras aventuras llenaron las jornadas largas del día, como cuando se perdieron por los Montes de Oca, entre recovecos y centenarios alcornoques, quizás lo hicieron adrede, quizás se perdieron para estar más solos, para descansar de las agotadoras caminatas del día, o de las amorosas noches en vigilia, pero finalmente, la suerte llegó y retornaron al Buen Camino hasta llegar a San Juan de Ortega. Éste, como buen hospitalero les acogió en su real albergue junto al monasterio cisterciense, allí fueron perdonados por su descuido.

Más fantástico fue lo que ocurrió en un paisaje castellano, junto al sendero habitual de los peregrinos. A media mañana, la pareja vio la posibilidad de aislarse por unos breves momentos del Camino escalando un montón gigantesco de pacas de paja, enormes y rectangulares y no necesitaron cuerdas ni ayuda externa, pero si mucha energía para subir al llano de arriba con mochilas incluidas. En lo alto de la montaña irregular, la de paja, contemplaron con mucho humor si se asomaban al borde, grandes llanos resecos del paisaje castellano. También observaron sin malas intenciones a los sufridos caminantes como a marionetas móviles. Y como premio a su osadía, pasaron escondidos varias horas tumbadas en la cima. Allí paso de todo; desde descansar y recuperar sus cansados músculos en una posición muy relajada; a risas confidenciales y charlas animadas; a comer a pierna suelta y con mantel; sin mirones. Incluso se amaron sin recelos con las propias bendiciones del Santo que todo lo ve. Finalmente, por la ética peregrina, iniciaron la vuelta al Camino que se hizo más cansina y dolorosa.

Por otro lado, la única diferencia que los distinguía de cerca y de otros peregrinos andarines es que la pareja no quiere, ni debe llegar al Santo Sepulcro de Santiago, porque el tiempo los apremia y los días están contados para ellos. El Camino a Santiago fue el soporte básico para amarse durante el intenso verano, querían estar siempre acompañados, estar pendientes uno cerca del otro, ser felices en cada paso andado,

Pero como todo en la vida envejecerá muy deprisa; el alma, el corazón, las ideas, los sueños, con mucha tristeza, este acontecimiento también envejeció y se preguntaba la pareja en los últimos días, ¿porque se acabó nuestro sueño de verano? Y las palabras ocultas, entre susurros decían; para dejar atrás la vida. En el Camino de la Vida se construyen y se añaden nuevas aventuras continuamente, a veces son aventuras tristes, a veces son aventuras alegres, siempre dependen del carácter propio de la persona, y de la suerte de su nacimiento, así circula la realidad; el día a día, historias que se enlazan con otras historias, conformando la historia de la propia vida.

El tiempo del verano se acabó y llegó la hora triste de la despedida. Frente a la desolada pareja, crecían las dudas de no poder volverse a verse nunca más. Eran muchos los kilómetros que separaban sus cuerpos, muchas trabas de fronteras y muchas las desigualdades políticas de sus gobiernos respectivos. Un beso raspante, como de enfado, traspasó el tiempo de los enamorados como un sueño. Allá, tras las puertas entrecerradas del autobús urbano, el Caballero Errante partió lejos de la Dama con lágrimas resbalando en sus mejillas, refrescando los últimos calores apasionados del cuerpo. Literalmente alcanzaron a decirse un adiós fugaz y lejano.

Sólo ella volvió el rostro y eso fue lo último que hicieron juntos.

El Caballero Errante.

Relato número 20

Aunque parezca mentira no me cansaba de repetir y cursar relatos escritos de mayor o menor valoración para el concurso literario, este lo fue con el número XXXVI de la convocatoria anual para la Universidad Popular de Mazarrón en Murcia. Y de nuevo a seguir con los cauces de la disciplina literaria, en este caso menos fantasía y más realidad histórica.

EL OFICIO MÁS LOGRADO DE UN OBRERO DE PROVINCIAS

Silbaba un viento gélido del crudo invierno de los años cincuenta, cuando entre los resquicios de cuatro paredes conformando una casa pequeña ocurría un gran acontecimiento. Era una vivienda rectangular a dos aguas, con dos alturas y sin patio, medio cochambrosa por los años construida con sillares de piedra silícea de color rosáceo y grano fino. El conjunto de las casas, incluyendo la pequeña iglesia románica del pueblo, continúa hoy en pie gracias a las pocas subvenciones estatales y al alcalde pedáneo de turno y también por su ubicación en una comarca chica, pero de interés turístico y prometedora, aunque un poco abandonada de la Montaña Palentina de Castilla y León.

La casa donde nací en su día fue prestada a cambio de trabajo por el ayuntamiento a la familia numerosa y trabajadora de los Bordin Gutiérrez. Pero lo interesante del año y del hogar se producía dentro, había abundante leña y agua caliente para alumbrar lo que iban a ser mis primeras luces, con la ayuda única de una vecina entendida en partos fáciles la señora Cesárea Ruiz. La primera mujer que me dio un azote, me escuchó llorar y muchos años después me contó con vocabulario sencillo el alumbramiento.

Mis primeros años fueron tristes, muy duros y con muchas carencias alimenticias y afectivas por la lamentable situación económica de la familia donde nací. Trabajos precarios y familia numerosa, lo que hoy se llama pobres de solemnidad. A esta escasez se unía la ignorancia de los progenitores Juan y Paula que no sabían leer ni escribir; sus únicos ingresos eran la paga escasa y a veces en especies, que en ocasiones tan solo consistían en unos sacos de trigo maduro. De esta manera el futuro para la familia Bordin Gutiérrez se mostraba turbio y poco prometedor.

Los padres de familia hartos de escasez y ganas de libertad se las ingeniaron con ayuda estatal, colocarnos a los supervivientes de los duros inviernos de la montaña palentina, a los dos más chicos, en sendos colegios separados por larga distancia de la casa familiar. Mi hermana a la edad de 6 años se fue a la Coruña y yo el niño más pequeño, con 5 añitos al otro extremo de España, a Pamplona. De este modo los dos hermanos más unidos de la familia fuimos educados por las monjas de la caridad en régimen de internado.

Fueron siete largos años de formación cívica, religiosa y de disciplina férrea, en un colegio antiguo con amplias habitaciones comunes donde recuerdo hacia demasiado frío. Un frío intenso, gélido y a veces extremo, que ha quedado grabado en mi alma de asalariado. Había siempre comida caliente pero escasa. El futuro para el menudo y delgadito niño Felisín parecía bastante incierto e inseguro.

Me costó adaptarme a esas condiciones disciplinarias, pero yo aprendía e imitaba casi todo lo bueno al mismo tiempo que lo escasamente malo que había en el colegio. Como niño obediente participe en mis primeros oficios como monaguillo, como bailarín infatigable del paloteo regional y como actor secundario del teatro infantil. Nunca dejaban de repetir las monjas y curas del internado "que para ser un hombre de provecho había que tener un oficio, ser buena persona, ser obediente y cumplir los Diez Mandamientos como manda la Santa Madre Iglesia". Es cierto que estos principios marcaron siempre mi camino a lo largo de la vida, incluso llegue a destacar en algún curso con respecto a mis compañeros de internado en el cumplimiento de mis años escolares.

Todo iba muy despacio en la niñez, cambios de casas y de escuelas con muchas necesidades, por lo tanto, había que hacerse mayor pronto. A los doce años retorné al pueblo al lado de mis padres y asistí de nuevo a la escuela rural. Poco después cumplidos los catorce dejé la escuela del pueblo con mucha tristeza; me pusieron a trabajar en el reseco campo de Castilla que resultaba duro y poco gratificador.

Ya con 16 años sin oficio ni grandes beneficios aparentes, opté por trasladarme a la pequeña ciudad de provincias en busca de un empleo mejor y más remunerado. Solo encontré más precariedad en el mercado laboral de la ciudad, aprendí a ser "pinche" de comercio, botones de hotel de dos estrellas, camarero de bar concurrido. En casi todos ellos se trabajaban más de doce horas diarias y especialmente los fines de semana cuando la gente se divertía y bebían y fumaban sin conocimiento ni acierto. Eso no era vivir así que por casualidad y a decisión propia, mediante un cliente amable llamado Paco, con principios de igualdad, a través de una beca agraria conseguí una plaza para realizar la Formación Profesional de Primer Grado, entonces en régimen de internado. El destino fue la Escuela de Capataces Agrícolas para jóvenes humildes y procedentes del campo. Fueron los mejores años de mi juventud estudiando mecánica agrícola y todo lo relacionado con el mundo del campo y la ganadería, en la especialidad de jefe de Explotación. Dado que la beca no era suficiente para vivir, durante las vacaciones escolares iba a trabajar a una gran finca agropecuaria de Burgos llamada Espinosilla de San Bartolomé al norte de Villadiego como agostero. En esta finca el jornal era bueno, el alojamiento muy rústico, dormíamos justo en la planta superior de las cuadras bajas de la vaquería, pero era oportunamente gratis con comida escasa salvo el vino que era abundante, dos litros y medio diarios, entraban como especie en el contrato salarial de los agosteros. En la finca las horas eran interminables de sol a sol; solo se libraban los domingos y fiestas de guardar para ir a misa y descansar. El trabajo era muy variado, pero de dureza extrema para un chico de mi edad, aun así, pude aguantar varios veranos y algún invierno. Por fin tenía oficio y beneficio, pude comprarme una moto de segunda mano para desplazarme con libertad. Entraba poco a poco en el mundo laboral y me estaba haciendo un hombre de provecho.

Al cabo de tres años de internado terminé mi formación profesional agrícola y pase por diferentes trabajos, como tractorista conduciendo y arando los campos con un Massey Ferguson 165 y el siempre verde John Deere 2035 , como elaborador de uno de los mejores quesos de oveja de Castilla, como mecánico agrícola y del automóvil, como hortelano de cultivos ecológicos, como ganadero de ganado menudo y como albañil de paleta redonda; todos ellos iban conformando mi trayectoria laboral y fueron mis numerosos y variados oficios hasta llegar al servicio militar. Se decía por aquel entonces que la mili cortaba la evolución y el ascenso laboral de los jóvenes en edad militar, pero para mí fue una liberación y una oportunidad de cambio, de aventuras y de tener nuevo oficio. Ya en el ejército gané por concurso-oposición, los galones de cabo primero con sueldo fijo y tuve mis dudas de quedarme de profesional en el cuartel realizando la formación académica para sargento, era la Gran Reserva General del Automovilismo de Canillejas en Madrid. Hay que decir que el cuartel disponía de trescientos cincuenta camiones grandes para el transporte de soldados y material militar; había también diferentes talleres mecánicos y de pintura para la reparación y la autonomía de la flota mecanizada; se realizaban muchas maniobras y prácticas de formación para la conducción de los vehículos militares, numerosas actividades deportivas y culturales. En definitiva, tuve en mis manos la oportunidad de un oficio seguro con una vida cómoda y agradable; siempre me arrepentí de no seguir como militar en la capital de Madrid.

Salir del ejército, volver a la pequeña ciudad de provincias y al trabajo diario en la vida civil, no era tan atractivo como aparentaba si no se tenía una buena capacitación profesional, amigos o parientes próximos. Encontré lo más fácil y rápido para un necesitado de jornal efectivo, ser camionero de oficio con viajes gratis por la geografía española, aunque con muchas horas de trabajo y soledad. Especialmente destacaban los riesgos a diario en las carreteras secundarias; en mi mente barajaba mis posibilidades, inquietudes y la búsqueda de oficios con mayor estabilidad y seguridad laboral, un nivel de vida algo mejor. Por fin a través de unas ofertas de trabajo para profesionales del automóvil que encontré en la prensa local, tras rigurosos exámenes aprobé la plaza para un contrato de carácter permanente, en una de las pocas fábricas grandes de automóviles que hay en Castilla y León.

Con 24 años recién cumplidos me estabilicé en la vida laboral. Leía en la publicidad de la época "jóvenes, pero sobradamente preparados", esa era mi inquietud diaria y fui siempre caminando hacia esa meta, tanto en la preparación profesional dentro de mi empresa, como en la evolución progresiva de la vida social y cultural de la minúscula ciudad.

Con los años de profesión y un trabajo estable por fin formaba parte de la clase media; según Hacienda éramos los pecheros que más necesitaba el gobierno para engrosar sus arcas públicas, pero también cumplía poco a poco con el objetivo de la niñez de ser un hombre de provecho y con oficio, como machacaban las monjas a diario en el colegio y la verdad he de reconocer, que tales máximas salen de la sabiduría popular y la experiencia personal.

Pese a toda esa estabilidad económica todavía sentía el mismo inconformismo, inquietud, motivación y entusiasmo por superarme a mí mismo. Necesitaba moverme, sentía sed de aventuras, de largos viajes y de turismo arriesgado. Mis 1,67 metros de altura y mis 58 kilogramos de peso, permitieron que probase otras sensaciones y experiencias en el mundo del ocio y el tiempo libre, como fútbol, tenis, natación, montaña de altura y ciclismo. Con el paso del tiempo me fui decantando por el atletismo de competición, lo llevaba en la sangre y se lleva en la propia naturaleza humana; me convertí casi en un profesional. Un oficio duro que tan solo se pagaba bien a los elegidos, a los que logran ayudas y subvenciones, a los de la élite. Con buenos planes de entrenamiento, adaptación y constancia llegué al podio en alguna ocasión; era rápido y resistente en todas las disciplinas del medio y del alto fondo. Como entrenador también fue gratificante llevar un equipo de atletismo juvenil, incluso fui el presidente de unos de los mejores equipos de atletismo de la ciudad. Debido a la suerte y a mi buena salud, a la ausencia de lesiones y tras largos años de vida deportiva sigo en la brecha, en las carreras de fondo.

Paralelamente al deporte no descuide nunca la añorada familia; me casé como manda la Santa Madre Iglesia, tuvimos dos lindas y cultas hijas, con muchos sacrificios y una costosa y larga hipoteca compramos un piso bien acondicionado, casa de pueblo con gran patio, coches, motos y bicicletas. Con especial hincapié tampoco descuide mi evolución cultural. Terminé la Formación Profesional de Segundo Grado antes de los treinta años y por fin di el gran paso a la universidad, para lo cual tuve que realizar el curso de acceso para mayores de 25 años. Con mucha motivación y constancia fui año tras año estudiando todas las asignaturas del programa oficial y con mucho afán acabé mi licenciatura que me duró la increíble cifra de diez años. En la universidad aprendí rápido la reflexión intelectual, a ser capaz de razonar la evolución constante y la existencia del hombre en la síntesis cultural. Fui capaz de abandonar el sótano de mi propio edificio cultural, de buscar mi salvación y ascender a lo alto.

Tras licenciarme con otro año más de capacitación Pedagógica (CAP) me presenté a las durísimas oposiciones de Educación Secundaria que no aprobé; fue un batacazo anunciado a mi orgullo. Yo con más de 40 años no insistí en opositar más veces, pero me inicié en otra carrera universitaria humanística y al cabo de varios años abandoné en 4º curso ante la imposibilidad de "romperme la cabeza" y no tener que poner antes de tiempo una lápida en mi tumba, "aquí yace uno de los más ilustres del cementerio".

Mi interés cultural y profesional no disminuyó ni un comino, me hice voluntario activo de una ONG internacional Cruz Roja. Tras una formación obligatoria, participé en varios programas y actividades de responsabilidad y crudeza social digna de un libro de experiencias. De esta manera me habilité para dar clases como formador titulado en la citada ONG. Intenté educar a niños con dificultades escolares, a mayores sin recursos, a emigrantes sin papeles y olvidados de la sociedad y a voluntarios en general.

Después de esta larga trayectoria laboral con numerosos oficios y múltiples aficiones más o menos atractivas para el ser humano, tuve constancia física de que me había metido en años. Por supuesto nunca se acaba la progresión cultural de un obrero de provincias, si se tiene ilusión y coraje para ello. Para culminar mis oficios me aficioné a la literatura, probé a escribir relatos, experiencias vividas, guías prácticas y memorias. Tuve presente siempre en mis escritos que lo mejor del ser humano cuando pasan los años, es que el olvido no borre los recuerdos, ni el optimismo y la ilusión, ni mucho menos el amor propio que nos debemos a nosotros mismos.

Todas estas actividades, toda esta evolución de mi persona hubieran sido muy poco provechosas y prácticas si no hubiera estado seguro de poder recordar todo lo que contenían de valioso mis oficios. Yo hubiese sido otra persona muy distinta, si todos los conocimientos y las experiencias no hubiesen existido o no hubiese sentido la necesidad de acumularlas de manera progresiva, hasta conseguir que formasen parte de mí mismo en toda su extensión.

Se pasaron las primeras etapas de mi vida como gotas de rocío y hoy puedo decir con orgullo, sin rencor hacia la sociedad educativa que mis muchos oficios y mis bellas aficiones me han dejado pobre seguro pero pletórico en felicidad. No tengo dudas ni me equivoco afirmando que la mejor profesión y la única con garantías de conservar con el paso del tiempo, es la de ser funcionario civil con las catorce pagas fijas y disponer de todo el tiempo del año en libertad, la añorada jubilación de un obrero de provincias. Evidentemente, después de haber merecido un buen descanso profesional

Sin dudas ni temores al escribir mis éxitos o fracasos, sin desviarme un ápice de la vida diaria tras 44 años cotizando a la Seguridad Social, contribuyendo con mi trabajo y con impuestos razonados al Estado Español, puedo sentirme feliz y pensar que merece la pena esperar. Creo que los "pecheros", los que pagamos religiosamente, por fin nos merecemos vivir y descansar en paz si la salud nos acompaña.

He constatado y por ello insisto en que lo más importante que hay en la vida no está en cobrar el salario mes a mes por el trabajo realizado, sino en la satisfacción de ir creciendo en conocimientos y experiencias, en observar la felicidad de uno mismo y de los más próximos que vienen empujando. Pero sinceramente, no dejaré de trabajar por los demás, y por el bien común hasta que el cuerpo aguante, pues esa es la mejor recompensa para un obrero sobradamente preparado.

Mientras tanto heme aquí jubilado de profesión, tan buen jubilado como otro cualquiera, un hombre lleno de pensamientos, fantasías y sensibilidades, con muchos oficios como no podía ser de otra forma.

Un obrero jubilado y errante.

Relato número 21

Como no, en este relato escrito coincide con la crisis sanitaria que padeció toda la humanidad, escribir todo este relato fui un acicate para superar el tedio, la soledad y la tristeza que embargaba a la mayoría de los humanos, especialmente a mi persona. Con este escrito me liberé parcialmente y lo supe llevar mejor. Terminado y firmado el relato lo mandé oficialmente por correo certificado para el concurso literario número XXXVII de la Universidad Popular de Mazarrón en Murcia

CRÓNICA DE UNA SALVACIÓN REINVENTADA

Los últimos ramalazos del invierno se iban diluyendo cuando ocurrió una catástrofe mundial. Una de las últimas pandemias de orígenes víricas muy contagiosa con pleno conocimiento y con características singulares de crueldad manifiesta. Esto nos dejó a todas las personas civilizadas del mundo sin palabras, sin justificaciones posibles difíciles de explicar, si nos cuentan la película desde otro ángulo de la sala no la aguantamos, ni la creemos.

Algunos dirigentes pocos sabios y ávidos de poder muy sueltos en palabras fáciles se lo tomaron a broma. Decían:

—Esto es una vulgar gripe que viene de China.

Otros poco afortunados y vengativos vaticinaban una guerra biológica para diezmar a la población más vulnerable.

En los comienzos de la declaración de la crisis pandémica nos creó en la población de a pie un total desconcierto, un sinfín de dudas y un exceso de miedo atroz. El caos en los medios de comunicación entró en una espiral de límites inimaginables. Se presagiaba un desbordamiento sanitario no recordado. La gravedad del problema fue dejando cambios profundos, físicos, sociólogos y económicos en la vida ordinaria de las personas. Las noticias vespertinas me empachaban la mente, como a todo ser viviente, con estadísticas negativas, con el número de muertos diarios, con los contagiados por miles. La curva ascendente de los gráficos acumulados de casos graves nos erizaba el vello de la piel a los seres humanos cuando escuchábamos los datos, incluso a mí que me consideraba una persona valiente y curtido en temas de la salud palidecía con ello.

Como todo el mundo, llevaba un mes de confinamiento, en estado de crisis, encerrado entre las cuatro paredes de mi humilde casa cuando observaba los bajones en el espíritu de las personas. Nadie, repito, nadie me miraba a la cara, nadie me escuchaba mis sermones diarios, simplemente se daban la vuelta y seguían su curso con la cabeza baja, seguramente pensando en sus preocupaciones personales. Las pocas personas que se cruzaban en mi camino - Marina la vecina del bajo, y Alba la vecina del primero- se apartaban de mi trayectoria en silencio, con caras tristes. Por supuesto todos obedientes a las órdenes y a los decretazos cambiantes del momento coyuntural, del estado de alarma.

Tras los impactos diarios mis saludos y preguntas querían respuestas y salir de mi interior con fuerza. Yo como otras tantas personas quería encontrar mis alternativas para mitigar mi dolor a este gran silencio del miedo, de la incertidumbre, de esta soledad tenebrosa y obligada. Salía por las mañanas al bosque cercano plagado de pinos piñoneros (Pinus pinea) y encinas siempre verdes (Quercus ilex) con mi perro prestado. Escuchaba sus ladridos y admiraba su gran actividad para reconfortar mi soledad y él ajeno al drama seguía su instinto; correr y correr, comer y no ser comido. Sentía mis propias pisadas por los blandos senderos de arena plagados de hojas oscuras y en forma de agujas punzantes y de cuando en cuando notaba bajo mis blandas zapatillas las abundantes bellotas resecas. Todo un cúmulo de materia orgánica del invierno en curso.

Inspiraba profundamente el aire limpio del frondoso bosque perenne como si fueran los últimos suspiros, pensando en esos malditos virus que nunca veía y que usurpaban mi espacio vital.

De vez en cuando me sentaba atónito a reflexionar de la grandeza y caprichosa que puede ser la Naturaleza, a veces. De ordinario convivimos con todos los animales de la creación y con las plantas de nuestro entorno, incluso con esos miles de microrganismos llamados bacterias, unas buenas, la mayoría y otras excesivamente malas para la salud humana y cientos de virus desconocidos que no vemos a diario cien veces más pequeños que las bacterias y que llevan viviendo en la Tierra, mucho antes que nosotros fuésemos un proyecto viviente. Nosotros los humanos somos los usurpadores de sus espacios, los consumidores y los verdugos de sus recursos, creyéndonos los reyes y dueños de la creación, sin comprender en muchos casos que somos unos más dentro de la cadena de la vida alimentaria. Los humanos doblegamos y sometemos a todas las criaturas de los tres reinos conocidos (R. animal; R. vegetal; R. micológico) para servirnos de sus energías potenciales y en ocasiones, esas criaturas vivientes se revelan y nos dicen que quieren vivir en libertad sin tanta destrucción a su medio natural.

Dios perdona siempre que se lo pedimos con arrepentimiento, el hombre unas veces si perdona y otras no, pero la naturaleza no perdona nunca y esto se repite constantemente a lo largo de nuestra existencia humana.

A mi alrededor despunta suave la primavera sin previo aviso como lo hace con repetición pasmosa desde hace milenios de años. Sin darnos cuenta ya están las hojas verdes transformando la energía de la luz del sol en energía orgánica. Este año lo hace con menos ruido, con menos contaminación. Yo en plena naturaleza no veo humanos a la vista, estamos confinados, pero los animales no, ellos circulan sin miedos, los cientos de plantas del campo crecen libres sin guadañas que las corten. Los animales del campo nos pierden el respeto, nadie estorba en la naturaleza, todo tiene una función primaria que cumplir, un nombre que lo identifica.

En estas reflexiones mi mente entraba en una espiral dañina, de soledad impuesta, de restricciones y prohibiciones rayando con la depresión, un bajón en mi precaria salud, dolores que no sabía de donde procedían. El termómetro y demás aparatos de diagnóstico para confirmar mi estado de salud estaban a mi alcance y con cualquier síntoma me los ponía buscando los parámetros negativos de la enfermedad, que los medios públicos y autoridades competentes se esmeraban en dar a conocer; fiebre, tos seca y cansancio generalizado. Yo me atiborraba a los analgésicos, a los antidepresivos, a los antivirales, a las tilas calientes o a los remedios caseros para aminorar mi ansiedad, mi angustia.

Con la que estaba cayendo tenía que reinventar actividades dispares para salir del hoyo, buscaba medidas terapéuticas preventivas. Me vino a la mente un recurso que podía ser mi curación del alma, de mi maltrecho cuerpo. Una renovación de una amistad muy querida de hacía muchos, pero que muchos años dejada atrás. Hemos venido a este mundo a querer y a ser queridos y con este principio elemental podía abrirme las puertas de par en par a mi dolorida alma, a mi enfermedad. Insistí, busqué nombre y apellidos, fotos conocidas y guardadas en álbumes gastados. Apareció como un pantallazo súbito en mi aplicación habitual la solución perfecta. Se manifestó ella, la señorita Sara, la que yo buscaba desde años atrás y nunca pude olvidar. Me contestó con prudencia y devoción, con recato y cierta timidez. La primera vez que la vi en pantalla fue un subidón de endorfinas y una clara expulsión de mis oxitocinas recientes. Empecé la conversación con pocas palabras escritas, lo típico de la situación actual;

—¿Cómo llevas el confinamiento?

—¿Qué tal la salud y la familia?

Tan solo eran por mi parte saludos y disculpas por la intromisión en su ámbito personal, en su vida privada.

Cuando hay buenos recuerdos, cuando hay respeto y prudencia, cuando hay excelente comunicación crece la amistad y la sinceridad se muestra sin reservas. Para mí, en estos momentos de felicidad compartida fue la mejor receta, la medicación perfecta sin necesidad de una cita previa, sin esperas interminables en el consultorio médico, sin auscultación ni aparatos electromecánicos por parte del médico de guardia. Con estos sencillos argumentos se iba fraguando mi curación completa.

Como seres humanos que lo somos de esta Tierra sagrada tenemos diferentes formas de enfermar y de sanar, Además no debieran existir enfermedades sino enfermos y yo pasé de un plumazo de enfermo a sano, gracias a la receta salvadora de este bendecido tratamiento y de hacerme el bien como a un paciente más. Con palabras, sonrisas, besos y abrazos cumplí mi objetivo.

A partir de este momento mis emociones simples se procesaron en mi cerebro y rompieron las reglas habituales del confinamiento para cumplir su función primordial; salud, bienestar y felicidad. Añadí para mi curación grandes dosis de adaptación, de comunicación y de motivación. Y así empezó todo.

La clave de una buena amistad reside en el tratamiento y el entrenamiento diario, hay que mimar la compañía. Siempre respetando la intimidad personal y aceptar las imperfecciones, si las hubiera, de la persona allegada.

Poco a poco fui contando por series mi agitada vida a mi amiga Sara. Ella resurgida del espacio lejano para evitar convertirme en víctima de una sociedad en confinamiento, de una tenebrosa cuarentena y obligada que iba soportando a mis espaldas.

Saludos cordiales, palabras serias y sinceras a diario fueron la llave para ir creciendo en confianza, en interés, en intimidad. La escribía sin complejos en la red social y por capítulos a mi amiga virtual llamada Sara. La contaba asuntos tan complejos e íntimos que jamás había contado a nadie.

Empezamos una nueva relación amistosa y ambos fuimos recreando con recuerdos, con historias vividas, con fotos intercambiadas de antes y de ahora, sendos diarios escritos.

En relación con la historia pasada, yo tenía un objetivo sin resolver, un sueño real que me acompañó durante toda la vida sin demasiada obsesión, pero con cierta intriga y dudas. Quería saber los motivos por la que la chica más guapa de Fuentes dejó nuestra antigua y juvenil relación. Y si, me contestó correctamente, me convenció con los argumentos necesarios para tranquilizar mi sueño frustrado: interferencias familiares en su intimidad y en su libertad.

Junto a este milagroso tratamiento arriba indicado, yo añadía con devoción y progresivamente una correcta y equilibrada dieta alimenticia, incluso practiqué un ayuno terapéutico alternativo del doctor Andreas Michalsen. También sin lugar a duda, empecé el ejercicio físico moderado a diario, a base de tablas de gimnasia integrales, en combinación con las carreras continuas por los pasillos, por el ático del edificio, todo valía para mantener unas pulsaciones de 120 por minuto como máximo (aérobico o cardio). Tampoco podía olvidar que la primera línea de la defensa del organismo contra los más de 5.000 virus microscópicos que conviven con nosotros es fortalecer el sistema inmunitario innato, favoreciendo el crecimiento de las células inmunitarias, los llamados linfocitos T, bien identificados en los análisis de sangre rutinarios.

En paralelo al asunto principal en ciernes, yo disfrutaba de las puestas de sol tardías. Iba saliendo con más energía de la habitual en mis nuevos paseos reflexivos y con más sosiego, curando mi soledad, mis males endémicos. Sobre el cielo casi oscuro de mis encuentros terapéuticos, desviaba mi vista hacia el primer planeta que salía con grandeza sobre el noreste espacial. El llamado planeta madrugador o Rojo, sin duda visto desde nuestra latitud geográfica. Marte destaca en el firmamento con su color rojo de la sangre, preludio de la caridad y de la victoria. También salía a veces la simpática y blanca Luna al conjunto celeste con la regularidad de sus ciclos lunares cada siete días y me inoculaba una paz acogedora.

Por fin, la terapia funcionaba, observaba con más atención, escuchaba los sonidos más insignificantes y aunque nadie me oía en mis soliloquios y paseos salvo mi perro prestado llamado Kaixo, si podía pensar sin temor ni vergüenza en mi renacida y recuperada amiga Sara. Con ella contaba en la intimidad de mi hogar para narrar todo lo ocurrido durante el aciago día confinado. Ella participaba activamente en mis conversaciones, en mis escritos confidenciales, ella si me oía y escuchaba a diario, ella era mi amiga, mi consejera, mi compañera virtual.

Yo con esta medicina peculiar y diaria, me curé de la soledad impuesta por esta cruel cuarentena. Desapareció mi apatía pasada, mi estrés casi rozando la locura, mi insoportable angustia. Soy un hombre nuevo que erradiqué la precariedad y la tristeza con valentía y decisión reinventando una amistad olvidada. Encontré mi sendero a la salvación. Dejé de tomar la medicación impuesta y aparqué mis instrumentos de diagnosis; termómetro, tensiómetro, pulsioxímetro de dedo, etcétera. Ya no me hacía falta la técnica instrumental, me encontraba eufórico deseando que llegase la hora de plasmar mis ideas y mis pocas aventuras diarias, aunque fuesen virtualmente para sentir al otro lado de la pantalla a Sara, mi amiga salvadora. Juntos en esta distancia impuesta aprendíamos a contar nuestra historia de vida, nuestras inquietudes y los secretos más íntimos que jamás nos atreveríamos a sacar a la luz ni contarlo al mejor médico de familia.

De otra parte, en la vida ordinaria se sucedían los malos augurios, las cifras oficiales de fallecidos en la larga pandemia seguían siendo alarmantes. Nadie podía escapar si la Señora Negra llama a tu puerta, tan solo había que tener las llaves del destino preparadas y a mano. Sufrir y morir en soledad y abandonados a la suerte de esta Señora Negra es inhumano, aunque a veces sufrimiento y enfermedad no siempre van de la mano.

El año 2020 pese a todo el chaparrón de acontecimientos desagraciados no fue del todo negativo, no se perdió del todo, hubo un hecho providencial reinventado que siempre estará en nuestros recuerdos por los momentos vividos. Seguramente algún día no lejano seremos un buen recuerdo, procuraremos con nuestros actos que sean los buenos recuerdos los que prevalezcan en el tiempo.

En ocasiones yo se guardar silencio y comprendo que las buenas ideas se imponen y merecen su triunfo en su publicación y la intolerancia no debe crecer con las pequeñas victorias.

Al final pasaban los días con prisas, el verano seco y caluroso relevó gozoso a la primavera alegre y verdosa, pero para la mayoría de los humanos confinados estos cambios de estación pasaban desapercibidos, sin sentido, sin humor.

Por otro lado, culminamos los dos interesados en nuestro proceso virtual con un hecho milagroso, un premio a nuestra osadía valiente, a nuestra perseverancia y entrega. Se nos dieron las circunstancias oportunas en la Nueva Normalidad del preciado momento, en un intervalo entre las sucesivas olas pandémicas, un premio que fue sin duda la presencia real. La cita nos surgió un día grande del verano tórrido que parecía perdido, aprovechando esa nueva tregua al cierre perimetral. Fue lo mejor del verano, nuestro paseo maravilloso en bicicleta desde Fuentes a Husillos. En este recordado día nos citamos en un lugar discreto del pueblo. Nos vimos por primera vez después de casi cincuenta años. Nos miramos a los ojos para descubrir si había algo especial, henchidos de felicidad. En nuestras dulces miradas descubrimos con pocas palabras la larga ausencia. El cambio en lo físico era evidente, pero estábamos repletos de experiencias y de numerosos conocimientos en nuestra cultura personal. Charlamos atropelladamente los primeros momentos hasta llegar a la calma, y nos fundimos en un abrazo largo, intenso y fraternal que nunca debió acabar.

Bebimos, paseamos, nos sentamos y especialmente admiramos nuestros cambios corporales y de la suavidad del carácter. Sentimos nuestra evolución como personas maduras e integradas en nuestras respectivas familias. No nos prometimos nada, pues nada teníamos, porque la vida continua sin querer, las modificaciones en la vida social y en el carácter cuestan asimilar, por lo tanto, quedamos en tablas, en un punto intermedio y mágico.

Bajo esta perspectiva salvadora queda la duda o la sorpresa de si es simplemente una amistad reinventada o algo más bonito con sentimientos mutuos que no nos atrevemos a declarar por miedo a herir la propia sensibilidad como personas maduras y responsables.

La historia se repite y nunca se finaliza del todo hasta que uno de los dos protagonistas como es en nuestro caso decide desconectar con libertad. Y si esta crónica salvadora parece un sueño para mis posibles lectores, o una aventura de fantasía increíble, preguntar sin miedo a uno de los dos interesados; a Sara, la señorita más guapa del Castillo o a Félix el corredor de fondo más antiguo de Villalobón y sabrás y te dirán sin miedo la pura verdad.

El Renacido.

Relato número 22

Este es el resumen personal y una reflexión profunda de la lectura del libro *Hablemos de Vaginas* de la Doctora Mirian y me pareció bastante interesante y aunque solo es recomendado para leer por mujeres no está mal que los hombres también leamos y aprendamos diferentes aspectos interesantes de la sexualidad humana y femenina Le añado a mis relatos para recordar y cultivar la importancia del tema.

LA SEXUALIDAD HUMANA

Textualmente la OMS define la sexualidad humana de la siguiente forma.

Es un aspecto central del ser humano, está presente a lo largo de su vida. Abarca el sexo, las identidades y los papeles de género, el erotismo, el placer, la intimidad, la reproducción y la orientación sexual. Se vivencia y se expresa a través de pensamientos, fantasías, deseos, creencias, actitudes, valores, conductas, prácticas, papeles y relaciones interpersonales. La sexualidad puede incluir todas estas dimensiones, no obstante, no todas se vivencian se expresan siempre. La sexualidad está influida por la interacción de factores biológicos, psicológicos, sociales, económicos, políticos, culturales, éticos, legales, históricos, religiosos y espirituales.

Según esta definición de la OMS, significa que estamos hablando de algo muy importante para las personas en su aspecto central de la vida, desde que se nace hasta que se muere, lo que quiere decir que la sexualidad tiene muchas formas de manifestarse que va mucho más allá de la visión reduccionista coitocéntrica y genital.

Muchas personas pensamos que hemos avanzado mucho en estos aspectos, que existe libertad sexual, que ya no hay que ir virgen al matrimonio, etcétera., pero sigue habiendo una grave hipertrofia de la sexualidad, una falta de formación e información.

Los tabúes no han desaparecido, se sigue considerando a la mujer como objeto sexual y se las educa para ello, simplemente ahora son otros nuevos esquemas que distorsionan la finalidad de la salud sexual, que sería favorecer la comunicación, las relaciones personales afectivas y proporcionar placer, considerando a las personas en todas sus dimensiones biológicas, afectivas, emocionales, social y comunicativa.

En general, la sexualidad normativa se ha reducido a determinadas áreas anatómicas, determinados actos concretos a toda una serie de estereotipos y a un determinado grupo de edad. Es lo que se llama los centrismos: genitalidad, coitocentrismo, androcentrismo, adulto- centrismo. Es un criterio reduccionista como si otras personas diferentes a nosotros no tuviesen sus propios derechos.

No se puede reducir la sexualidad exclusivamente a los genitales y al coito pues el órgano sexual más extenso es la piel y el más potente es el cerebro. Además, las personas con diversidad funcional, da igual el grado de discapacidad física o psíquica que tenga, como todo el mundo, tiene derecho a una sexualidad saludable, aunque la forma de expresarse sea diferente según sus limitaciones. Alguna persona con discapacidad ni siquiera pueden acceder a su cuerpo sin ayuda, de ahí surge la figura de asistente sexual para los discapacitados, que son personas que ayudan a las personas con diversidad funcional para acceder y vivir su sexualidad de una forma digna.

El orgasmo. Sería una fase dentro del ciclo de la respuesta sexual descrita por los padres de la sexología científica William Masters y Virginia Johnson. El orgasmo no es sinónimo de relación sexual, se puede tener relaciones sexuales sin orgasmo y orgasmo sin relación sexual con otra persona como ocurre con la masturbación.

Hay dos tipos de orgasmos femeninos; el orgasmo del clítoris interno, y el orgasmo vaginal. Otras zonas erógenas más alejadas como las mamas, piel con piel, estimulan y trasmiten sensaciones combinadas a la medula espinal o directamente al cerebro aportando experiencias percibidas en el orgasmo, y no son las mismas para cada mujer.

FASES DEL ACTO

HOMBRES   MUJERES

Nivel   Nivel
ORGASMO simple   ORGASMO múltiple

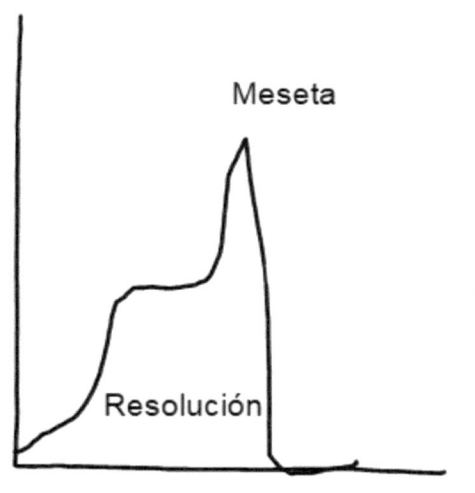 

Meseta

Resolución

Excitación
DESEO   periodo refractario
Tiempo

Excitación
DESEO
Tiempo

Entonces el orgasmo es una parte del ciclo de la respuesta sexual.

Es la fase de descarga súbita de la tensión sexual acumulada, en esta descarga neurofisiológica se producen acciones involuntarias a través del sistema nervioso autónomo simpático, frecuencia cardiaca y respiratoria llegan al máximo, hay contracciones musculares involuntarias en el área pélvica. Dilación de pupilas, sensación de euforia y placer máximo acompañadas de vocalizaciones, gruñidos, suspiros o gritos No todas las personas los expresan de la misma manera, pero todas esas personas que llegan al clímax liberan cantidad de oxitocina del cuerpo, elemento muy tóxico para la salud.

La educación sexual no ayuda a romper estereotipos, se enseña en la escuela con un objetivo único, explicar el embarazo y como evitar las enfermedades sexuales además de forma negativa como algo peligroso y poco más, pero falta algo importante, no se habla para nada de la parte positiva del sexo, el placer, el deseo, el afecto, el disfrute, el vínculo y el autoconocimiento del propio cuerpo que genera la sexualidad.

Por otro lado la mujer si tiene otras enfermedades de tipo sexual, el desplazamiento del útero por el cuerpo interior de la vagina, como es la palabra llamada "histeria" del griego "*hystera*", Según Galeno en el siglo II la histeria era una enfermedad causada por la privación sexual en mujeres particularmente pasionales, el tratamiento era el coito si estaba casada, el matrimonio si estaba soltera y un masaje por una comadrona como último recurso, consistía en un masaje en las zonas íntimas y erógenas hasta provocar en la mujer un orgasmo.

Cómo prevenir el estreñimiento hablando de vaginas. Cuando hay estreñimiento algo habitual en ciertas conductas de alimentación y la falta de movilidad o de ejercicios o incluso medicación de la mujer y el hombre, se puede realizar una manipulación fácil de realizar que nos aconseja la doctora Mirian. Si las heces son demasiadas duras, masajear manualmente la cara posterior de la vagina con ello se ayuda a reblandecer mecánicamente facilitando la defecación. Una forma de hacerlo es sentada en el inodoro y metiendo los pulgares en la vagina para masajear y palpando la cara posterior de la vagina hasta reblandecer las durezas que están al otro lado en el recto, por lo tanto, no hay contacto.

Por otro lado, en cuanto a la cara anterior de la vagina notarás más sensibilidad que en la otra cara, aquí se puede localizar perfectamente un área de sensibilidad mayor, este sería el llamado punto G produciendo el orgasmo de tipo vaginal, la realidad es que es un orgasmo por estimulación de la parte del clítoris interno. Siguiendo con la cara anterior de la vagina y se llega más adentro podrías notar otra área de gran sensibilidad que es llamado punto A. Se trata de auto conocerse y explorar sin miedo ni vergüenza nuevos territorios y formas de estimulación de los cuales se pueden disfrutar tu misma o enseñando a la pareja o con juguetes eróticos. Si se palpa con los dedos más profundamente en la vagina se puede alcanzar el cérvix o cuello del útero. En penetración profunda hasta el cérvix a veces se estimula y se libera más prolactina con diferentes sensaciones de placer. También en la cara anterior de la vagina esta la vejiga y si se palpa y está llena dan ganas de orinar. Cara posterior está el recto como se aprecia en foto anexa.

Por lo tanto, hay que aceptar los cambios, aceptar no es resignarse, es dejar de lado los juicios que hacemos contra nosotros mismos, dejar de pensar en bueno-malo, joven-viejo, somos como somos, así sin más, compatible con cuidarse. Y por otro lado resignarse es como abandonarse, no cuidarse para acabar siendo una piltrafilla de persona.

Por último, sin profundizar más en los interesantes capítulos del libro citado más abajo, hay que buscar ayuda si se necesita, pues no es más fuerte quien todo lo puede sino quien mejor conoce sus propias limitaciones y sabe pedir la ayuda o el consejo que le hace falta.

Cuidarse y cuidar para evitar el efecto antinflamatorio, con dieta variada, sin olvidar el descanso, respetando los ciclos de la edad, evitando el estrés, hacer ejercicio moderado, es sinónimo de salud.

Si la sonrisa, los abrazos y los besos pudieran ser empaquetados en un bocadillo, serían los tres mejores complementos milagrosos y se venderían a precio de oro para la prevención y el tratamiento de cualquier problema de salud. Ánimo a experimentar las sensaciones nuevas y humanas, que corra la oxitocina.

Texto resumen del libro cuyo título "Hablemos de las Vaginas" de la doctora Mirian Al Adib Mendiri.

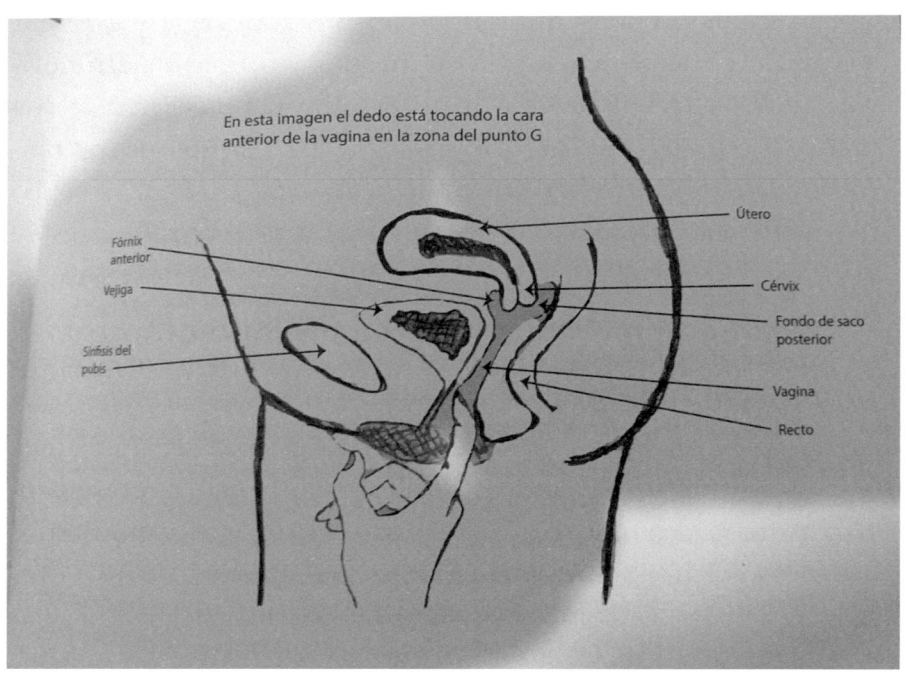

Esquema de los órganos femeninos.

Relato número 23

Relato dedicado a mi sobrina Roció y a sus amigas Conchi, Charo, María Jesús, Socorro, etcétera que trabajaron con intensidad y devoción al cuidado de las internas del citado colegio Huérfanas Ferroviarias durante más siete años al servicio y al cuidado de las numerosas alumnas de este emblemático y popular colegio que fue cerrado drásticamente y con mucho sigilo.

BREVE HISTORIA DEL COLEGIO H.F. DE PALENCIA

Este gran colegio orfanato fue exclusivo de mujeres jóvenes durante los casi treinta años abierto al personal relacionado con el ferrocarril español. Los terrenos son cedidos por el Ayuntamiento de Palencia a Renfe en el año 1945. Se pone la primera piedra el año 1949 y el 15 de mayo del año 1953 se abren sus puertas. El 26 de julio del año 1954 lo inaugura el caudillo Francisco Franco en compañía de su esposa, asiste también el presidente de Honor del CHF, el ministro de Obras públicas y otras autoridades del momento. En esta fecha de su inauguración se le recibe con todos los honores por las estudiantes, por el personal interior del colegio y demás autoridades provinciales. Todas las autoridades asistentes disfrutaron desde las terrazas de la primera planta del colegio de un espectáculo a base de bailes regionales de Palencia en su honor.

Coincidiendo con la fecha señalada del 24 de diciembre del año 1954 hubo visita especial para la inauguración de la apertura del Colegio CHF de Palencia y la feliz actuación en el Teatro principal de Palencia con la popular actriz de teatro María Jesús Valdés, también hija de ferroviarios.

Foto del Colegio CHF en Palencia

En la fecha del 31 de diciembre del año 1954 había un reparto de especialidades académicas con un total de 404 alumnas con el resultado siguiente.

Elemental 21%

Orientación Profesional 28%

Profesiones 27%

Comercial 21%

Magisterio 1%

Y por dar otro acontecimiento cultural de renombre en el año 1963 el grupo de danzas del colegio quedó campeón en el concurso Provincial organizado por la Sección Femenina en el Teatro Principal de Palencia donde participaron 26 agrupaciones provinciales de danzarinas.

En este Centro o colegio internado se acogen hasta un total máximo de quinientas niñas, dependiendo del año, con edades comprendidas entre los 12 y los 18 años y se encargan de su educación y cuidado las Religiosas Salesianas Hijas de María

Auxiliadoras, en un número aproximado de 25 religiosas. La primera directora del centro C.H.F. de Palencia fue sor Paquita Sánchez, otras directoras posteriores fueron sor M.ª Dolores Buil y sor Rosa Rodríguez.

También había en España, otros colegios de chicas huérfanas en C.H.F. en Torremolinos y en Alicante, el resto de los colegios eran de varones.

Así mismo había unas 16 chicas jóvenes e internas que hacían el trabajo auxiliar en el cuidado y la limpieza de las instalaciones y las dependencias personales y de todo el mantenimiento de las personas internas del colegio, cocina, lavandería, etcétera. Asistía también en las labores de cocinera mayor una señora llamada Teresa y en sus últimos años de trabajadora. Al pasar a su jubilación obligatoria, Teresa se internó en la residencia para personas mayores la llamada Residencia 77 de ámbito privado y religioso, junto a la iglesia de San Bernabé y frente a la catedral de Palencia. Tres señoras modistas que se encargaban de la costura y la confección del vestuario interior. Un señor para el mantenimiento de la calefacción e instalaciones del edificio y otro señor para el cuidado de la huerta y de los animales que se criaban que durante varios años y se llamaba Antonio Duque pariente de Manuel Celada. Y para cerrar la plantilla del colegio un cura párroco (Capellán) llamado Don Amador que se encargaba del asunto religioso, de la enseñanza de la religión y de la curación mística de las jóvenes almas y huérfanas ferroviarias.

Las enseñanzas y la formación de las alumnas internas consistían y variaban dependiendo de las solicitudes y las cifras del año en curso, el 31 de diciembre del año 1954 se manejan las cifras y las especialidades siguientes:

Bachiller laboral administrativo 144

Orientación Profesional 110.

Comercial 84.

Profesiones de bordados, Corte y Confección, Máquinas de Punto, Puntillas, Encajes, Tejido de alfombras.111

Magisterio. 5.

El total de alumnas de ese año fueron 454.

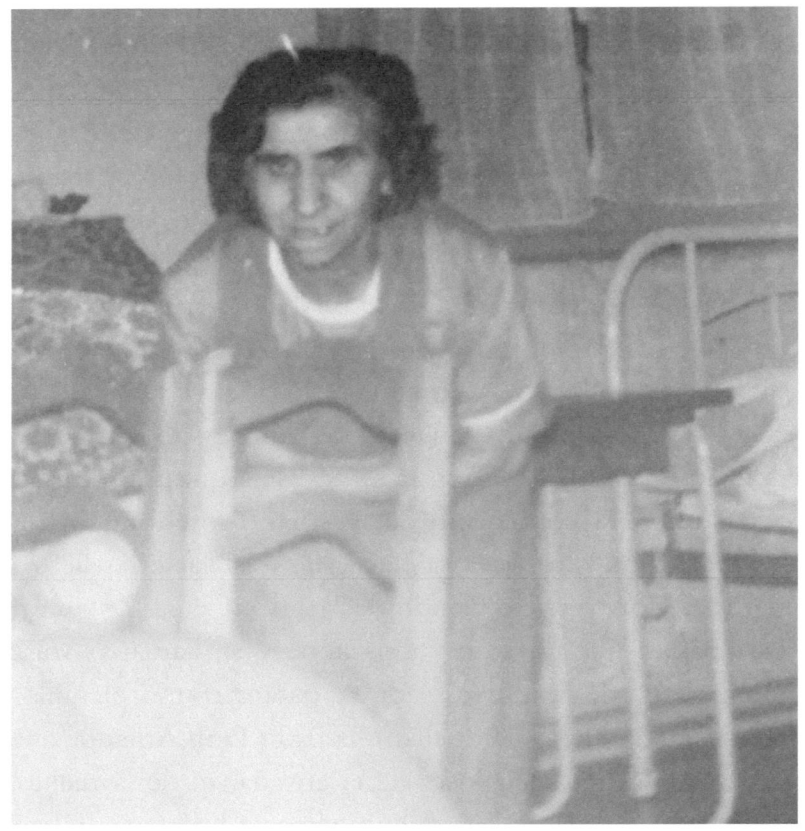

Foto de la señora Teresa del C.H.F. Palencia

Por otro lado, la población escolar de este Colegio siguió descendiendo paulatina y drásticamente. En los años 1978 y 1979 pasó de un total de 162 alumnas a 126 alumnas internas, pese a la buena acogida de la Formación Profesional Sanitaria que se realiza en el Colegio, como se aprecia en el siguiente Organigrama de Estudios.

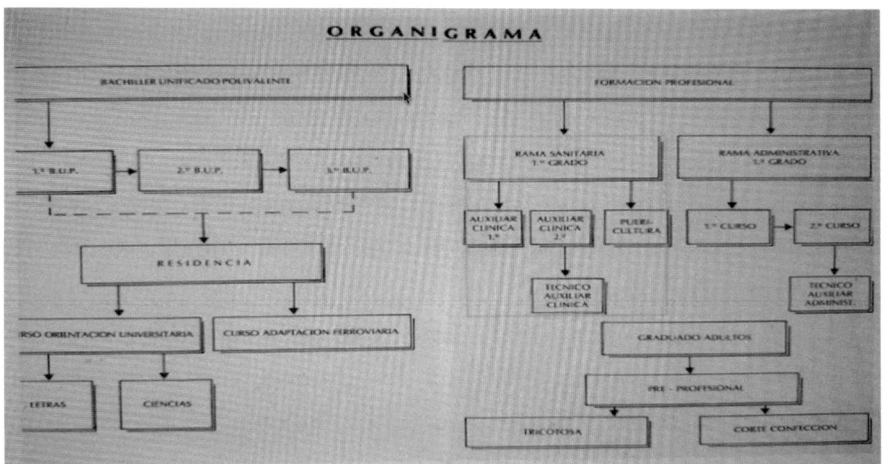

Organigrama de la formación C.H.F. Palencia
en los años 1979-1982

La edificación y todo el complejo del colegio consta de 15.670 metros cuadrados construidos mayormente en ladrillo visto y un terreno alrededor de 50.903 metros cuadrados, todo el recinto estaba perfectamente vallado. Los edificios principales constan de una portada de arcos en la entrada principal, una primera planta con grandes ventanales y terrazas en la fachada principal, una segunda planta más modesta y con ventanas más pequeñas y corona el edificio un tejado corrido de teja castellana. Así mismo el constructor del citado complejo lo llevó a buen término el arquitecto señor Magín Perandones Franco.

Desde el año 1953 permanece abierto hasta el año 1982 que se cierra por falta de alumnas internas, según dicen los administradores y el Consejo de CHF. Posteriormente a su cierre se destinan las instalaciones a la Escuela de Ciencias y Graduados Sociales. No dura mucho tiempo la apertura académica y se cierra abandonando a su suerte todo el complejo del colegio. Hoy sigue en pie sus instalaciones con grandes deterioros internos y en mal estado la valla del cierre del recinto, solo entran 6 caballos de unos gitanos próximos y pacen en su interior a placer.

Los Misterios ocultos del Orfanato.

En este misterioso colegio ocurrieron en los 27 años que estuvo abierto como orfelinato tres misteriosas muertes de sus jóvenes estudiantes que dan para reflexionar y pensar en una película de terror. Dos de ellas fueron sendos suicidios y una de ellas un terrible asesinato.

El primer misterio sucedió el 16 de marzo del año 1969, cuando una alumna interna e hija de un trabajador de la compañía ferroviaria apareció muerta en extrañas circunstancias en un baño de la 2ª planta llamada Inés.

Diez años después en marzo del año 1979 la mejor amiga de Inés (posiblemente llamada Ana) se suicida cortándose las venas de la mano en el mismo baño donde apareció años atrás y muerta su amiga Inés.

Por otro lado, y para no dejar nada al azar, en el periodo de transición una joven lesbiana llamada Lorena se lanza al vacío desde el tejado del colegio después de que sus compañeras la dieran una paliza sin sentido.

Estas muertes se ocultaron a los medios de comunicación para el bien público y evitando crear una mala fama al centro C.H.F. de Palencia.

Estos sucesos tan extraños dan para pensar y para investigar las causas y los grandes problemas de su cierre y de su total abandono por parte de las autoridades y la administración.

En el verano del año 2017 un programa radiofónico dedicado al Misterio oculto del Colegio C.H.F. llamado Radio Expediente 13 en su programa ACUP entran los reporteros en sus instalaciones de incógnito y realiza pruebas de sonidos interiores, realizan videos de su deterioro interno y externo y de ocultación siniestra del edificio y saca diferentes conclusiones en su elaborada investigación. También se preguntan y dejan en la duda a la población interesada. ¿Por qué hay tan poca información sobre estos casos tan llamativos? Y ¿por qué fue más importante el prestigio de un colegio que las vidas de sus alumnas?

Qué triste resulta de ver los videos de la destrucción y el abandono de unas magníficas instalaciones y caras que bien podían haber sido la sede de la propia Universidad de Palencia, de la UNED o de otro bien público. ¡Todavía hay tiempo de frenar esa destrucción y abandono!

Elaborado estudio de los diferentes y numerosos colegios de Huérfanos Ferroviarios C.H.F. desde el año 1922 al 1996. En su tesis doctoral del año 2016 realizada en la Universidad Complutense de Madrid Facultad de Educación escrita y defendida por Jesús Lozano Agúndez y dirigida por la doctora M.ª del Rosario Limón Mendizábal, nos detalla la evolución histórica de estos colegios CHF en toda la geografía española.

Por último, una gran pancarta que cierra este pequeño resumen del C.H.F. de Palencia.

ESTE EDIFICIO FUE CONSTRUIDO CON EL SUDOR DE NUESTROS PADRES Y LAS LÁGRIMAS DE NUESTRAS MADRES. FUE NUESTRO HOGAR DE NUESTRA INFANCIA, EN NUESTRA ADOLESCENCIA Y NUESTRA JUVENTUD. ¿QUIEN LO HA DESTRUIDO?

Relato número 24

Relato enviado por mí y para el concurso literario de la Universidad Popular de Mazarrón en Murcia número XXXVIII. También nos muestra la historia real de una familia que perdió por asuntos religiosos y radicales a uno de sus miembros más queridos; a la hermana y monja de clausura llamada Herminda.

Foto de Herminda, falda negra y sus hermanas Rosario con vestido estampado, Paz con falda roja y Manuel Frutos junto con el cura que la inicio en el convento de las Carmelitas descalzas en Pozuelo de Alarcón Madrid

CARTA A UNA MONJA

He recibido tu extensa y bendita carta. La leo con mucho interés pues son bastantes escasas las entregas que me mandas de tu parte. Por lo tanto, consiento mi máxima entrega a su lectura y de paso me da la oportunidad a vuelta de correo y te contesto profundizando en los diferentes mensajes que mandas. Yo voy a escribirte con toda la sinceridad posible que mi mente en reflexión y mi parco vocabulario me permiten mandar y de inmediato pongo la misiva en el correo ordinario para que te llegue lo antes posible si la censura de tu convento la dejan traspasar sus resistentes muros.

Eres mi querida hermana y formas parte de mi familia primaria, aunque no lo quieras asimilar, pese a no verte más que en contadas ocasiones y mucho menos la total ausencia de tus abrazos en todos los largos años de tu internado pues la triste y férrea vida monacal de tu encierro así lo prohíbe.

Llevas de monja o religiosa consagrada toda tu santa y austera existencia bajo una clausura cerrada donde no pueden entrar las personas ajenas al convento y menos la parte de tu familia más directa. Os llaman carmelitas descalzas, yo me atrevo a deciros monjas tristemente radicalizadas. Deduzco en tus líneas escritas que no te dejan opciones para pensar por ti misma, ni actuar con el pleno derecho de la libertad si la situación familiar o tu propia salud así lo requieren.

Sabes hermana que vives al margen de tu familia consanguínea, aunque no quieras reconocerlo estas alejada del mundo real y de las personas socializadas. Solo convives con muchas carencias y sacrificios con tus propias compañeras de fatigas a las que llamas hermanas del alma y con vuestra madre a la cabeza, la madre superiora o la abadesa, la única persona que os controla tanto en lo espiritual como en todos los asuntos restringidos de vuestra vida cotidiana.

Por otro lado, es total mi respeto a tu forma de vida que tu voluntariamente has elegido. Respeto también tus estrictas reglas y disciplinas rayando en la penuria que vuestra orden carmelitana os obliga a cumplir sin paliativos, ni discusión posible de la duda.

La mística y los secretismos del convento son respetables pese a no estar de acuerdo con casi nada de vuestras normas y obligaciones. Nunca aprobaré esa forma de vida de espaldas a la vida real, estas muy distante y alejada de tu querida familia, de tus amistades, has olvidado para siempre el mundo contemporáneo que nos rodea y ya no hay vuelta al tiempo perdido.

Priorizar las inquietudes del alma y los rezos interminables por la infinidad de necesidades básicas y los acuciantes problemas que hay en la sociedad no tiene lógica para mi entendimiento humano.

Me dices en tu misiva que rece mucho, que repita a diario el santo rosario y que vaya a misa como manda la Santa Iglesia para no pecar gravemente y poder vivir en gracia de Dios y así alcanzar la vida eterna. Tu misma me cuentas las horas sin final de tus rezos y siempre de rodillas, benditas rodillas las que soportan tantos sufrimientos diarios como son, entre otros; la Hora Prima con el canto del gallo. Los Maitines en plena madrugada. La hora Tercia a media mañana. La Hora Sexta justo al mediodía. La Hora Nona a media tarde. Las Vísperas al ocaso del Sol. La Completas ya en plena noche. Y la Oración de Gracias en la cena. Añade los rosarios y las misas a diario, etcétera, etcétera. Solo con pensar en estos asuntos tan místicos y repetitivos tiene sus infinitas consecuencias en estos tiempos tan convulsos para la mente humana y me recuerdan a otras tantas religiones que hay en el mundo.

¿No crees tú que el cielo y el infierno están aquí a nuestro alcance en este divino planeta llamado Tierra, donde afortunadamente vivimos y moramos los humanos en compañía de otras especies vivas?

Todos estos asuntos del cielo y del infierno (un invento humano) desde mi forma de pensar creo que depende de las situaciones personales, sociales y económicas que nos ha tocado vivir, incluso muy condicionadas por nuestra salud y la propia salud de nuestra familia y amistades.

A veces hay muchas discrepancias a lo largo de la existencia vivida y la terrenal, porque se cruzan en ella el destino, la suerte, la genética y la forma individualizada y colectiva de cuidarnos a nosotros mismos. Dependiendo de estas circunstancias tan primarias vivimos en uno u otro estado los seres humanos. La enfermedad, el amor, la felicidad y el buen humor nos condiciona la permanencia real. El llamado cielo hay que ganarlo aquí mismo y yo con el día a día intento ser buena persona, sin olvidar que vivo en una familia, en una sociedad globalizada en la cual tarde o temprano todos nos necesitamos.

Para mí, todos los días son diferentes, siempre me mantengo activa en mis quehaceres cotidianos, participo y ayudo a las personas que me necesitan de forma altruista, sin esperar recompensas futuras y por supuesto sin pensar en la vida eterna. Con estas sencillas labores me siento satisfecha y realizada. Mi intención como bien dices tú, es el de alcanzar el cielo y es ese mi objetivo principal, pero en la propia Tierra.

Con modestia yo valoro tres cosas importantes en la vida como son; la familia el amor y la amistad, todo lo demás solo son florituras vanas.

Al hilo de nuestra conversación te contaré con brevedad los pormenores de mi vida si tú quieres escucharla. Me divorcie hace varios años para no seguir viviendo un infierno de matrimonio, donde había de todo menos respeto, comunicación, y mucho menos nada de amor. Aguanté el fuerte tirón de desprecios y críticas de algunos allegados al matrimonio con mucho sufrimiento, y demasiadas penurias económicas.

Me volqué en el cuidado de mis hijos con mucho trabajo y sola ante las dificultades diarias. El exceso de trabajo hacia la familia y a los más próximos me llena de orgullo y me acerca sin querer a ese supuesto tuyo llamado cielo, en realidad como lo hacen las personas normales. Con los años sigo haciendo lo mismo con mis dos nietos hasta que el cuerpo aguante.

Ya de muy antiguo nos enseñaron en la escuela primaria que solo hay tres verdades puras y sencillas; la primera que nacemos, la segunda que crecemos en desarrollo, y la tercera que morimos, todo lo demás que nos ocurre son añadidos a nuestra propia burbuja y con estos principios nos igualamos a todas las demás especies vivas que hay en la Tierra.

Por otro lado, quien lo iba a decir pese a mis años, me he enamorado profundamente y de verdad con una persona agradable que me respeta y me quiere como soy. Vivo en armonía y en plenitud de felicidad con mi pareja sin descuidar mis responsabilidades diarias de atender a la familia, a los hijos, a los nietos y a todas mis amistades próximas.

Dentro de la familia mis dos hijos, chico y chica, viven también con sus parejas en libertad aplicando todas las enseñanzas que yo con modestia les he transmitido a lo largo de sus años jóvenes. Educan a sus hijos, que son mis nietos, con plenos conocimientos de respeto y la cultura más idónea para su buen desarrollo como personas buenas y sobre todo les educan para que sean libres de prejuicios y sin radicalismos.

Bajo mi opinión sincera, la religión no se impone a la fuerza, ni con miedos, ni con promesas banales, se elige con libertad y conociendo de antemano sus propios valores que los tiene y son muchos.

Bueno y para ir terminando esta declaración de intenciones en forma de carta y dirigida a mi querida y alejada hermana Sor María de la Paz llamada así por imperativo monacal y servil. Un doble aplauso generalizado a todas las personas voluntarias y trabajadoras que intervienen y ayudan con cariño y con los medios que disponen tanto físicos, como materiales y afectivos a las personas más vulnerables y necesitadas.

Después de la que está cayendo en esta grave y larga crisis sanitaria llamada pandemia del Covid-19 se ha visto con demasiada claridad el cambio de tendencias psicosociales, el triste y desigual comportamiento humano, creo que desde vuestro convento podéis tomar buen ejemplo de ello para reinventar unas nuevas perspectivas futuras de cómo ayudar a la sociedad necesitada.

Bajo mi forma de pensar debemos de olvidar por un momento las oraciones particulares y sin sentido para volcar nuestros objetivos a realizar obras directas y próximas a esas personas que nos solicitan ayuda con necesidades acuciantes y crónicas. Porque ni decir tiene que hemos venido a este mundo terrenal a querer y a ser queridos. Pues apliquemos este bonito proyecto a nosotros mismos, a nuestra propia familia y a los más allegados que nuestro corazón y nuestras manos puedan alcanzar.

Sin más. Recibe todo mi apoyo con los humildes consejos de esta viajera por el mundo y un gran abrazo virtual, pero afectivo pues el protocolo interno de tu convento no me permite nada más.

Siempre tu querida hermana.

Rosario

La monja Herminda

Relato número 25

Son muchas las cartas que a lo largo de la vida se escriben con mucho cariño, por desgracia cada vez se escribe menos a las personas más allegadas y las más queridas de la familia, Una de estas cartas escogidas al azar pasaran a engrosar uno de mi recopilación de relatos. Aunque no tiene por qué ser la pura verdad, pero queda tan bien la carta que la podemos hacer muy real y escribirla para la posteridad.

Carta de amor un día de san Valentín.

Palencia a 14 de febrero de 2022

Buenos días. La misiva es para mi querido amor, la llamada Charo en este aniversario tan especial.

Escribo esta carta para ti, porque escribir para ti es de alguna forma unirnos en un amor que siempre quiero que sea romántico. Lo nuestro es un noviazgo que crece con los detalles más sencillos y las muestras más sinceras del cariño de verdad. Aunque parezca que hay una cierta distancia o silencio entre tú y yo, lo cierto es que entre nosotros no hay nada capaz de desmoronar nuestro bello consentimiento. El amor que sientes por mí se complementa con el que yo siento por ti para formar una unión de pareja sublime y resistente a todas las adversidades.

Escribo para ti porque te gustan mis cartas, (aunque sean escasas) porque valoras mis palabras con los sentimientos que nacen del alma al añorarte cada momento del día.

Sí, amor mío, en esta ya cercana primavera y en cualquier otra estación del año, eres tú quien me motiva no sólo a escribir mis cartas, sino muchos de los asuntos que realizo a diario, los cuales se complementan pensando en ti y en mí como una pareja con sentimientos a compartir. Como en este amor que nos profesamos cumplimos con un objetivo mágico de respeto y sincera comunicación entre los dos.

Te extraño por el día y durante la noche, sé que te veré pronto y vuelvo a soñar contigo a cada instante, sueño que ando por tus mismos caminos. Quisiera que viéramos juntos todos los amaneceres soleados y hermosos para compartirles siempre a tu lado. Por otro lado, las noches solitarias y ya cercanas de una seca primavera me traen insomnio, pero es un insomnio de amor, y es un bello insomnio, porque tú lo causas, sólo tú. Estoy enamorado de verdad, lo sé cuándo pienso que nadie se parece a ti, lo cual me hace sonreír, me siento afortunado, orgulloso de tu amor, y por eso todas las noches necesito de un Ser especial que te cuide y que nos cuide a los dos. Sí, digo -nos cuide-, porque ya no sólo pienso en mí, pienso en nosotros como algo único y maravilloso.

Recibes esta mi carta porque eres tú el mejor regalo que ilumina mi vida, y quiero que lo sepas a cada instante.

Siento bien cercano tu amor, puedo tener un día malo o con el peor de los problemas, y son muchos y a diario según corren los tiempos convulsos y contemporáneos, pero cuando mi pensamiento se centra en ti todo cambia y me siento entonces muy afortunado. Así es como debe sentirse alguien que descubre un valioso tesoro, pues eso eres para mí; un tesoro recién abierto.

Cuando sueño despierto contigo los caminos se vuelven luminosos, me gustan los lugares que me traen tu recuerdo, paseo por los lugares donde me gustaría estar en tu compañía, con tu mano en la mía, sabiendo que nos amamos desde antes, mucho antes de conocernos. Lugares en los que pudiéramos abrazarnos para así luego olvidar juntos todos nuestros problemas pasados y apoyarnos, pues nuestra vida empezó de verdad cuando coincidimos en nuestro primer encuentro, cuando nos enamoramos.

Eres mi bendición y todo lo que me ha sucedido a tu lado y con tu amor es también una buena intención y una enseñanza continua, las cosas que me unen a ti son muchas, yo confío en ti pues eres quien llena mi vida de ilusión y certeza al mismo tiempo.

Mis pasos se cruzaron con los tuyos con la ayuda de un espacio cultural, a través de un sencillo libro que te regalé y leíste con esmero. El amor saltó de imprevisto como flecha dorada de Cupido a la primera cita, desde entonces somos dos enamorados que juntos han seguido un mismo camino. Tan juntos y felices por la suerte y la bendición de haber coincidido y compartido una misma idea evidente de lo que es el amor.

Desde mi rincón palentino razono para ti;
Siempre tuyo, siempre mía, siempre juntos con nuestro amor.

Por otro lado, muchas felicidades por tu onomástica cariño mío.

Eres lo más importante de mi vida, tú lo sabes. Tienes una bondad incomparable y tu amor es lo que me hace sentir muy afortunado. Te doy las gracias porque me das tu apoyo y ayuda cuando lo requiero. Cada momento maravilloso que he pasado junto a ti ha servido para hacer mucho más fuerte este gran sentimiento que nos une. Deseo que podamos estar juntos por el resto de nuestras vidas y disfrutar de este grandioso amor.

A lo mejor no puedo entregarte un obsequio costoso, pero lo que sí te puedo dar sin medidas es mi cariño sincero por regalo. No olvides que siempre estaré a tu lado para ayudarte en todo lo que quieras, cuenta conmigo siempre. Te amo mucho mi amada compañera y prometo una vez más que te voy a cuidar en todas las circunstancias venideras de nuestra existencia pues tú eres lo más hermoso que tengo.

Quiero que siempre te sientas segura de mí, porque tú eres la única mujer a quien amo, esto será lo indudable. Estoy dispuesto a complacerte en lo que me pidas con tal de verte contenta. Que pases un feliz aniversario e inolvidable día, mi amor. Quiero estar contigo para ayudarte a hacer realidad todos tus sueños.

Un beso con mucha emoción y cariño. Te quiere mucho.

Felisuco, el corredor.

Relato número 26

Relato de un poema muy popular y antiguo que fue leído y aprendido en las clases impartidas por mí persona y organizadas por Cruz Roja. El poema del Conde fue comentado y aprendido con mucha tranquilidad y más sensatez que literatura por los alumnos asistentes de memorización y de gimnasia para mayores, en un lugar (salón de actos del centro) cedido por el Centro de Mayores de San Juanillo.

POEMA DEL CONDE FLÓREZ

Grandes guerras se publican
en la tierra y en el mar
y al conde Flórez le nombran
para capitán general.

Lloraba la condesita
no lo puede remediar
acaban de ser casados
y se tienen que apartar.

¿Cuántos días o meses
piensas en estar para allá?
Deja los meses condesita
por años debes contar
sí a los tres años no he vuelto
viuda te puedes llamar.

Pasan los tres y los cuatro años
nuevas del conde no hay ya
los ojos de la condesita
no cesaban de llorar.

Un día estando en la mesa
el padre la empieza a hablar
nuevas del conde no hay ya
nueva vida tomarás
condes y duques te lo piden
te deberías hija casar.

Carta en mi corazón tengo
que don Flórez vivo esta
no lo quiera el Dios del cielo
que yo me vuelva a casar.

Licencia le pido padre
para el conde ir a buscar
mi licencia tienes hija
 y mi bendición, además.

Se ha subido a su aposento
y llora que te llorarás
se quitó las medias de seda
de lana se las va a calzar
esportilla de romera
sobre el hombro se echó el costal
cogió bastón en la mano
y empezó a peregrinar.

Anduvo cinco reinados
desde la morería y la cristiandad
anduvo por tierras y mares
y no pudo al conde encontrar.

Cansada va la romera
que ya no puede andar más
pero al llegar junto a un alto
gran vacada vio asomar.

Vaquerito, vaquerito
yo te quería preguntar
¿de quién llevas tantas vacas?
¿Todas del mismo hierro y señal?

Del conde Flórez señora
que en aquel castillo está.
¿El conde Flórez es tu amo?
¿Cómo vive tan acá?

De la guerra vino rico
mañana se va a casar
ya están muertas las gallinas
numerosos convidados
de lejos llegando van.

Vaquerito, vaquerito
por la Santa Trinidad
por el camino más corto
me has de encaminar hacia allá.

Jornada de todo un día
con los medios las hubo de andar
y al llegar frente al castillo
con don Flórez fue a encontrar.

Dame limosna buen conde
por dios y su caridad.
¡Oh!, qué ojos de romera
En mi vida los vi tal
sí les habrás visto señor conde
sí en Sevilla estuviste ya.

¿De Sevilla es la romera?
Que se cuentan por allá
del conde Flórez
poco bien y mucho mal

Ha echado mano al bolsillo
y un real de plata la da
para tan grande señor
poca limosna es un real
que pida la romerita
que lo que pida tendrá.

Yo pido ese anillo de oro
que en el dedo chico está
se ha abierto de arriba abajo
el hábito de sayal.

¿No me conoce buen conde?
Cómo no has de recordar
el traje de terciopelo
que me diste al desposar

Al verla con aquel traje
el conde cayó hacia atrás
mirando hacia la novia
en su alto ventanal.

Mal haya la romerita
quien la trajo acá
no la maldiga ningún humano
que es mi mujer natural
con ella voy a mi tierra.

Y a Dios señores rogar
quédese con dios la novia
vestidita y sin casar
que los amores primeros
son muy malos de olvidar.

La despechá romera.

Relato número 27

Este episodio histórico de la vida de mi abuelo Julián Boada siempre le he querido escribir e investigar para su mejor conocimiento y sus mejores recuerdos y los míos también. Cierto es que daría espacio para una gran novela llena de aventuras y desventuras de mi super abuelo, pero de momento participo y mando el relato al concurso literario de la Universidad de Mazarrón concurso número XXXIX y el tiempo dirá si se amplía con más detalles y datos fidedignos para completar la extensa historia de su vida.

EL SUPERABUELO VALIENTE

¿A qué pensabas que ya me había olvidado de ti abuelo? Pues nada más lejos de la realidad y para demostrarte mis sentimientos y mis recuerdos aquí va mi relato de tu historia por ti y para ti.

Julián, mi abuelo paterno, nació un ocho de marzo del año 1858, justo el año que estalló la guerra de Conchinchina, también llamada como la Expedición Franco-española a Vietnam. Fue una campaña militar y pionera que tuvo lugar al sur de Vietnam con el resultado de la victoria franco-español y zanjada en el Tratado de Saigón el 5 de junio del año 1862. El motivo del estado de guerra fue el asesinato de varios sacerdotes y misioneros españoles, los dominicos: Diaz San Jurgo y García San Pedro además de varios obispos franceses. Era el año 1858, y mi bisabuelo, el padre de Julián, fue como voluntario a la campaña militar y a la expedición de castigo contra los lugareños. Y mientras tu padre, Juan, se debatía a tiros en lugares lejanos, tú nacías tras los dolores del parto de tu bendita madre llamada Basilia.

Fue una mala fecha para nacer, un comienzo nefasto para pertenecer a la familia Boada, con el padre ausente y la hambruna latente en los pueblos decentes. Pese a ello, o a causa de ello, te pusieron el nombre de Julián, que viene a decir el que tiene gran fuerza. Jamás te quejaste de tu existencia y de tu familia, y en tus carnes soportaste el ser derrotado en casi todos los asuntos importantes de tu larga vida. Tu nombre actuó de manera casual en forjar tu carácter y tu personalidad. Además, te condicionó la vida como una maldición repetida de cargas negativas y difíciles de escapar, ser el gafe de la mala fortuna y de tu mala suerte. Fuiste huérfano a los ocho años y te pusiste a trabajar duro para ayudar a la maltrecha familia que se iba diezmando en tu pueblo de Peña de Amaya, en Burgos. Pueblo heredero y base del asentamiento pacífico de los antiguos guerrilleros, antaño ocultos sobre la alta atalaya de 1377 metros y en sus camufladas cuevas que horadaban el mazacote de piedra caliza en forma de mesa camilla. Espléndidas vistas donde se aprecia toda la meseta palentina y la burgalesa.

En esos años nostálgicos, los campesinos auténticos de Amaya eran unos tipos duros, puritanos, trabajadores y algunos fueron guerrilleros como tu bisabuelo Julián, que finalmente se buscaban la vida en el campo aun estando en contra de los cambios económicos y sociales de la época, también se mantenían fieles a sus mujeres hasta que la muerte les separase.

La vida de mi abuelo empezó de verdad a dar sus frutos cuando se casó después de pasar por las milicias obligatorias en el bando carlista. Salió indemne de casualidad, y con unos duros acumulados; además adquirió cierta cultura de oficio y aprendió a leer y a escribir en el ejército. Con los ahorros pagados por matar isabelinos, formó una familia numerosa y extraña en el pueblo de Amaya.

En los pocos años que permanecieron juntos, en el matrimonio Boada y Postigo, o sea Julián y Secundina, fueron muchos los hijos que cuidar y educar, muchas las bocas que alimentar, con algunas leyendas sangrientas que contar al calor del hogar. Tus desgracias te acompañaron toda la vida y te quedaste viudo de tu primera esposa, llamada Secundina. Muerte prematura la de tu primera esposa, a causa de una grave pulmonía primaveral atravesando el río caudaloso y frío por la crecida y la gran riada tormentosa (no había pantanos para retener las aguas río arriba) al recoger los asustados caballos en los prados del otro lado del pueblo y sin puente para cruzar el río aquel.

Se quebró la familia Boada y la numerosa familia fue desapareciendo del hogar en busca de trabajo y de aventuras. Uno de ellos, Esteban Boada, dejó la vida en la Guerra Cubana a consecuencia de no poder pagar las mil pesetas para poder liberarse de la milicia obligatoria y lejana. Otro de ellos, el más joven y aventurero llamado Pablo Boada, sucumbió a tiros de pistola en una reyerta mafiosa del Bilbao pujante e industrial.

De nuevo, otro hijo soltero y llamado Felicísimo que parecía más sensato y familiar y tras superar y liberarse de las milicias por ser hijo de padre mayor de 65 años, coincidiendo con la Dictadura de Primo de Ribera. Mi tío volvió liberado de las milicias por ser hijo de padre sexagenario y se puso a trabajar en el hogar familiar, al poco tiempo perdió su corta vida (25 años) por un enfrentamiento en una apuesta vil de los mozos solteros del pueblo contra la guardia civil. Él, como cabecilla, fue apaleado sin sentido por culpa de esta pareja de la guardia civil, que eran un tanto belicosos y orgullosos de sus tricornios de tres picos. Actos de malos tratos realizado impunemente y desmesurados en los bajos del cuartelillo rural de la montaña palentina a mi tío Felicísimo. La apuesta mocil consistía en desarmar en un descuido de sus fusiles reglamentarios a la pareja de civiles que se lucían orgullosos y altaneros por todos los pueblos de la comarca de la Valdivia.

Tal solo precedieron a tu edad los dos últimos hijos de tu primer matrimonio: Ángela y Juan. No sin dificultades pues Juan, mi padre, estuvo además de sus milicias obligatorias de tres años, ya casado y con dos niñas, se le añadieron otros tres años de Guerra Civil Española participando como voluntario forzoso en los más duros combates de la contienda y en la Legión Española por ganar un poco más de dinero extra (3,5 pesetas diarias). Decía Juan, que de los siete voluntarios que partieron de la milicia obligatoria VII Región Militar en Burgos del bando Nacional solo volvió a casa él mismo. Relatos y testimonios que ponen los pelos de punta al más valiente de los mortales. Por parte de Ángela, ella también se quedó viuda con dos hijos pequeños a su cargo, Tinín y Paquita. Su marido se perdió y murió en el monte, encontrando su cadáver mucho tiempo después y tras largas búsquedas de los lugareños. Ángela, siempre vestida de negro por su eterno luto, aguantó sin remedio el duro trabajo de las patateras de Aguilar de Campoo para sacar adelante a su prole y llegó a la edad de 103 años.

Por otro lado, Julián, mi super abuelo, no se resistía a permanecer viudo y a sus 65 años se casó con Paula Calderón, cuarenta años más joven que él. Una apuesta y guapa joven de la montaña palentina, orgullo de la vecindad de Pomar de Valdivia. En este extraño matrimonio del cual fue padrino de boda su propio hijo Juan, con 18 años, y aunque parezca mentira, nacieron dos niñas. Seguían sucediendo las desgracias familiares. La mayor y mi jovencita tía llamada Isabel con 14 años sufrió violencia de género y perdió su preciosa vida a manos de su pretendiente o medio novio por su rechazo a seguir con él. Este acto vandálico, con siete cuchilladas a la joven y se perpetró delante de varias mujeres, las testigos que estaban lavando sus ropas en el río teñido de rojo. El asesino confeso de mala catadura y de una familia influyente en la localidad, se salvó del castigo que merecía alistándose a la Legión Española recién estrenada y ávida de reclutar voluntarios para las próximas guerras españolas. Julián, bastante mayor y engañado por todos los allegados y consejeros perdonaron al asesino de su joven hija. Paula la madre y esposa de mi abuelo no soportó la terrible desgracia y murió de pena y sufrimiento al poco tiempo. Julián de nuevo viudo y solo, pues su otra hija de 11 años fue retirada de su custodia paternal para formar parte de la Expedición a Rusia, los llamados Niños de la Guerra, un colectivo de 2.895 niños secuestrados entre las edades de 11 y 13 años.

Julián, abatido de dolor, se refugió en el Asilo del Convento de Santa Clara, Madres Clarisas de Aguilar de Campoo. Para ganarse la confianza y el alimento diario realizaba en el propio convento las labores de mantenimiento y los trabajos de la huerta interior. Persona bondadosa y trabajadora, sabía leer y escribir, según consta en los archivos de entonces y era muy querida en sus últimos años de vida. Un accidente fortuito acabó con sus energías y su vitalidad, se partió una pierna tras la caída desde una escalera según testimonio de sus únicos hijos y del primer matrimonio: Ángela y Juan. El parte médico y facultativo dice que Julián perdió la vida por una arteriosclerosis a las 12 horas del 31 de octubre de 1951, en el asilo de Aguilar de Campoo Palencia, varios años ante de nacer yo, al cual, mi abuelo Julián no conocí tristemente, siendo testigos de su fallecimiento Jesús Ibáñez Diez y Luis Ruíz González.

Por otro lado, cabe destacar en esta breve historia las secuencias de los sucesos familiares que en varias generaciones hay similitudes o paralelismos históricos que se repiten y se dan en la familia Boada. En primer lugar, con respecto a los nombres de los varones expuestos, Julián, Juan, Julián y Juan, se rompe la tradición conmigo y me pusieron el nombre de un tío que murió joven y de mala manera llamado Felicísimo, el cual significa muy feliz, pero eso sería otra historia que narrar. Otra coincidencia catastrófica resultó que los varones de la familia quedaron viudos prematuramente y todos se volvieron a casar de nuevo y en sus segundos matrimonios tuvieron también hijos o hijas incluyendo a mí mismo. Por último, otro asunto de envergadura fue que los ascendientes participaron en las crueles guerras que se desarrollaban en el Reino de España, incluyendo lejanas contiendas para finalizar en la Guerra Civil Española en la que participó mi padre Juan. Se rompe el maleficio en mi persona, pues realicé las milicias, pero sin participación, por suerte, en crueles guerras.

Por último y, en conclusión, este es mi relato de testimonios personales e históricos para la familia y para los adultos que quieran leer con el objetivo de perseguir una reflexión sobre cómo los miedos, las creencias, los estereotipos y los perjuicios de los mayores, nos condicionan nuestros comportamientos, nuestra forma de vivir y enfocar nuestras vivencias. Quienes piensan que no se puede cambiar el carácter y la situación económica y social caen en un error trascendental.

Quienes, desde su más absoluta inocencia e ignorancia piensen únicamente que la buena vida solo son aventuras, también es un grave error que descartar. Creo que hay mucho que descubrir, nuevas historias y experiencias que vivir, muchas personas a las que querer, muchos niños que alimentar y educar sin tener en cuenta su color, su religión o su clase social.

En este relato pretendo profundizar en el entendimiento entre lo importante que fue la vida de nuestros mayores y sus precarias relaciones con sus herederos, con nuestros descendientes también. Todo para abrir el dialogo familiar, empatizando con los convivientes a través de los diferentes roles que nos ha tocado vivir, y por supuesto vemos cómo la historia se repite continuamente, cómo evoluciona a favor o en contra si se quiere y si la suerte nos acompaña. Debemos mostrar interés en ponernos en el lugar y en el lado bueno de los asuntos importantes de la vida intentando ver siempre un mundo mejor.

Bueno y por último, un ¡hurra! por el abuelo super valiente. Espero que, al leer estas líneas resumidas y escritas con razón, desde tu estrella te sientas orgulloso de ti mismo y de tus herederos de corazón. Un abrazo de tu nieto.

El nieto

.

Relato o más una Crónica funeraria número 28

Relato de una historia real que aconteció en los años 50 del siglo pasado en Aguilar de Campoo, cerca de mi pueblo llamado Foldada en Palencia, y con gran similitud y de la cercanía a mi familia del norte. Fue sonsacada de la prensa local y de alguna entrevista personal con el cura Don Germán García, el que fue presidente honorífico de La Hermandad de Donantes de Sangre de Palencia durante muchos años y que vivió los tristes acontecimientos de la última ejecución en la antigua cárcel de Palencia, y relatada en primera persona. Hoy el antiguo edificio de la cárcel muy rehabilitado y llamado Centro Cultural Lecrác (Centro Cultural Antigua Cárcel). Entró en funcionamiento el centro el día 1 de julio de 2014.

LA ÚLTIMA EJECUCIÓN DE UN REO A MUERTE EN PALENCIA

El Tribunal Supremo dictó hace 65 años la sentencia de pena de muerte para Santiago Viñuelas Mañero, un extremeño de 41 años, como autor de la violación y asesinato de una joven de 17 años, vecina de la comarca de Aguilar de Campoo.

La ejecución se llevó a cabo en la madrugada del 19 de noviembre de 1959 en la Prisión Provincial de Palencia, la última que se efectuó por sentencia judicial en un recinto penitenciario, el mismo que en breves fechas se abrirá al público tras convertirse en sede de varias dependencias municipales, archivo de la Policía Nacional y centro sociocultural de la zona sur de la capital (Lecrác).

«Fuera hace frío; mucho frío del mes de noviembre. Viento huracanado y una noche oscura, como si las estrellas hubieran querido esconderse para no ver ni presenciar la escena. Dentro, en la cárcel, se perciben andares meticulosos, un hablar sin voces y humo en los pasillos. Las estufas siguen quemando carbón y los cigarrillos se consumen precipitadamente. Santiago Viñuelas Mañero, de hecho, no ha cesado de fumar desde las nueve menos cuarto de la noche».

Este era el ambiente que se respiraba el 19 de noviembre de 1959 dentro del Centro Penitenciario de Palencia, una hora y veinte minutos antes de que Santiago Viñuelas Mañero, de 41 años y natural de la localidad de Bienvenida de los Barros (Badajoz), fuera ajusticiado por garrote vil tras ser condenado a muerte por el Tribunal Supremo en junio de 1959, justamente hace ahora 65 años, al ser declarado autor material de la violación y asesinato de una joven de 17 años, trabajadora de una fábrica de galletas y vecina de la comarca de Aguilar de Campoo. Santiago Viñuelas Mañero tuvo el dudoso honor de ser el último preso ajusticiado en Palencia por sentencia judicial mientras la pena de muerte estuvo vigente en el Código Penal. «El último y quizás el único de la antigua Prisión Provincial de Palencia tras la guerra civil», relata a Diario Palentino el hombre que le acompañó en sus últimos momentos y le prestó ayuda espiritual antes de que irremediablemente acudiera a la cita con los verdugos, fue el Padre Balbino del Carmelo, carmelita descalzo en 1959 y que hoy es sobradamente conocido por la sociedad palentina como presidente de la Hermandad de Donantes de Sangre, Germán García Ferreras. García Ferreras, de hecho, es el autor de la cita que describe el ambiente que reinaba dentro y fuera de la antigua prisión provincial de Palencia en aquellas horas angustiosas para Viñuelas y que quedó reflejado en el número 225 de la publicación Espiga, el 10 de abril de 1960. Balbino del Carmelo, o sea Germán García Ferreras, palidece aun cuando recuerda aquellos últimos momentos de Santiago Viñuelas Mañero en la fría cárcel palentina: «Estábamos los dos en la celda, con varias cajetillas de cigarrillos de distintas marcas, un mechero de gasolina, un vaso para poder tomar café junto a dos sillas y una mesa. Santiago temblaba porque sabía lo que le esperaba. Quedaba la esperanza de que llegara una comunicación de Madrid para hacerle llegar el indulto a última hora, pero este no llegó. A las seis menos cuarto de la madrugada en la celda contigua se ofició una misa a la que asistieron representantes de la Audiencia, y el capellán de la cárcel, Manuel Portillo. Todos juntos rezaron por él. Cuando sonó la campanilla al Sanctus, Santiago sabía ya que era su última misa».

Santiago Viñuelas Mañero comenzó a forjar su camino al patíbulo el 17 de mayo de 1958. Era un jornalero, soltero y sin domicilio conocido, «de pésima conducta» como se aprecia en la sentencia número 230 dictada por la Audiencia Provincial de Palencia el 10 de diciembre de 1958. Según el relato de hechos probados, llevaba dos días deambulando por Aguilar de Campoo y pueblos cercanos, como Olleros de Pisuerga y Valoria de Aguilar, «charlando y comprometiendo a varias jóvenes, llegando a perseguir a una de ellas que circulaban por la carretera en bicicleta». Se llegó a publicar que hizo acto de presencia en Aguilar de Campoo con el propósito de trabajar en las obras de construcción del pantano que se llevaban a cabo en aquellas fechas. La sentencia de primera instancia explicaba que eran las nueve de la noche y mientras regresaba a Aguilar en su bicicleta, Santiago Viñuelas Mañero se detuvo en el paraje de La Burguiba, concretamente en el kilómetro 107 de la carretera Aguilar-Palencia, lugar de escaso tránsito a esas horas y carente de edificaciones inmediatas (distaba 965 metros del casco urbano de Aguilar de Campoo), cuando vio venir a pie por la carretera a una joven de 17 años, trabajadora de una galletera que regresaba a su casa tras concluir la jornada laboral. El procesado tras entablar inicialmente conversación con ella, de manera repentina, la derribó al suelo y la agredió sexualmente. Posteriormente y después de que la joven víctima le indicara que se lo contaría a la Guardia Civil, volvió a abalanzarse sobre ella matándola en el acto con una navaja con la que le hizo dos profundos cortes en el cuello. Tras consumar el crimen, Viñuelas arrastró el cadáver hasta el fondo de una cuneta tapándolo con el abrigo de la chica para evitar su inmediato descubrimiento. Luego, se deshizo de los efectos que llevaba la desdichada joven, salvo el delantal que utilizó a modo de toalla y que luego arrojó al río. Inmediatamente después, regresó a Aguilar de Campoo donde alternó en dos establecimientos, llamando la atención de varias personas por su indumentaria, y por el barro y la sangre que llevaba encima. Aquella misma noche se desplazó hasta Alar del Rey en ferrocarril y, desde allí, a Palencia para desaparecer así del lugar del crimen. Fue detenido nueve días después por la Guardia Civil en Tudela (Navarra). El cadáver de la joven fue descubierto a la mañana siguiente; y se pudo concretar además que la navaja había sido arrojada al agua por el procesado al pasar el tren sobre un puente del río cerca de Venta de Baños. La Audiencia de Palencia consideró a Santiago Viñuelas Mañero «psíquicamente normal y de mala reputación», un procesado que ya había sido condenado con anterioridad por la Audiencia de Badajoz por un delito de robo; y por la Audiencia de Zaragoza por cuatro delitos de hurto y por tentativa de hurto en otras tantas ocasiones, además de estar reclamado por un Juzgado de Instrucción de Mérida. La sentencia de la Audiencia Provincial, cuya ponencia recayó en el magistrado Bienvenido Guevara Suárez, acompañado en el tribunal por el presidente de la Audiencia, Benedicto Sánchez Fuentes, y los magistrados José M. García Delgado, Manuel Gutiérrez Madrigal y José Andrés de Castro, supuso la condena de Santiago Viñuelas Mañero como autor responsable de un delito de violación y otro de homicidio simple, con las circunstancias agravantes de nocturnidad, despoblado y reiteración en el primer delito, así como las de abuso de superioridad y desprecio al sexo en el segundo de los delitos. Por ello, le fue impuesta una pena de 20 años de reclusión por el delito de violación y otros 20 años por el delito de homicidio, así como una indemnización de 100.000 pesetas a favor de los herederos de la víctima.

Del delito de homicidio al de asesinato. El tribunal entendió que en este caso no podría calificarse la muerte de la joven como asesinato por cuanto no había existido alevosía y porque inicialmente Santiago Viñuelas Mañero «no concibió la idea» de matar a la chica, sino únicamente la de «dar rienda suelta a sus libidinosos instintos».

El dictamen de la Audiencia Provincial de Palencia fue recurrido en casación por la acusación particular ante el Tribunal Supremo, que fijó para el 29 de mayo de 1959 la fecha de la celebración de la vista del recurso. La Sala Segunda del Tribunal Supremo, con fecha de 17 de junio de 1959, anuló y casó la sentencia de la Audiencia Provincial, y dictó una nueva resolución, con el agravamiento de las penas al considerar los hechos como un delito de violación y otro de asesinato, por lo que Santiago Viñuelas Mañero fue condenado a 20 años de prisión por el de violación y a la pena de muerte por el de asesinato. Además, declaró al penado como «socialmente peligroso», por lo que no podría redimir penas con su trabajo personal en el caso de que recibiera el indulto. El Tribunal Supremo, en la sentencia que forma parte del sumario 61/1958 -rollo de sala 311/1958- y que actualmente se encuentra depositada en el Archivo Histórico Provincial, argumentó para calificar los hechos como asesinato y no como homicidio el que Santiago Viñuelas Mañero logró su objetivo y aseguró su éxito «sin riesgo y sin la posible defensa de la agredida». Para el Alto Tribunal de la nación los hechos estaban «cualificados» por la alevosía, ya que, en su opinión, se había dado muerte a una persona en condiciones de «indiscutible superioridad de su agresor, que empleó en la ejecución del delito medios y formas de positivo resultado para sorpresa de la víctima y sin que ésta pudiera darse cuenta del peligro inminente que suponía la actuación del reo, no pudiendo defenderse de quien obraba sin correr el menor riesgo».

La sentencia de casación fue firmada por los magistrados Saturnino López Peces, Francisco de la Rosa y de la Vega, Alejandro García Gómez, José María González Díaz, Antonio Codesido Silva, Antonio Quintano Ripollés y Ángel Díez de la Lastra. La resolución exhortaba finalmente a la Audiencia Provincial de Palencia, entidad juzgadora en primera instancia, a que en menos de 30 días desde la fecha de la firma misma y tras previa consulta al Ministerio Fiscal emitiera un informe por si concurría algún motivo de equidad que aconsejara la conmutación de la pena impuesta al reo Santiago.

El fiscal pide la conmutación de la pena capital. El fiscal, en su informe firmado el 30 de junio de 1959, solicitó para Santiago Viñuelas Mañero la conmutación de la pena de muerte con varios argumentos. De inicio, esgrimió el estudio psiquiátrico realizado por el médico forense del Partido Judicial de Cervera de Pisuerga. En ese estudio se ponía de manifiesto que Santiago Viñuelas Mañero solamente asistió dos meses a la escuela, que tuvo que ingresar en un hospicio a los 7 años por el fallecimiento de su padre y que cuando contaba 17 años se incorporó al Ejército como voluntario. Como miembro del Ejército Nacional combatió en la guerra civil en diferentes frentes de batalla resultando herido en varias acciones. Posteriormente, se alistó como voluntario de la División Azul, que luchó en Rusia contra el comunismo, «circunstancias estas que unidas a su falta de educación le hicieron efectos endurecidos en su carácter», subrayaba el fiscal en su informe.

El Ministerio Público también explicó que la actuación de Viñuelas Mañero, que había mostrado su «arrepentimiento», había que buscarla en su «falta de control psiquiátrico» a la hora de cometer el crimen.

El fiscal incidía en su petición de la conmutación de la pena de muerte en una consideración «de gran importancia» como era el hecho de que la edad del reo, superior a los 40 años, en el caso de ser licenciado, «lo situaría ya por imperativo del tiempo en el ocaso de su vida y de toda aptitud de delincuente». «Se ha venido sosteniendo, y con sobrada razón, que la pena de muerte es precisa para ejemplaridad de los demás y para dar satisfacción de la víctima, pero en este asunto el reo, en caso de conmutación, no podrá redimir pena por el trabajo como establece la sentencia del Tribunal Supremo, por lo que la pena ha de ser de muy dilatada duración y, por tanto, ejemplar para la comunidad», añadía el fiscal. Sin embargo, la Audiencia Provincial, en su informe final remitido al Tribunal Supremo con fecha de 7 de julio de 1959, no tuvo en cuenta las consideraciones del Ministerio Fiscal. De hecho, consideró que, tal y como planteaba el Ministerio Público en cuanto a la edad del reo, el cumplimiento de las penas podría «verse relajado» si en el futuro aparecieran disposiciones distintas al momento vigente como «una posible amnistía». El resto de los postulados del fiscal no fueron tenidos en cuenta por la Audiencia Provincial, que mantuvo finalmente que no existían razones de equidad que aconsejaran la conmutación de la pena capital al condenado.

La ejecución.

Con una cuartilla de papel en blanco y la pluma cargada de tinta negra ofrecida por el Padre Balbino del Carmelo (Germán García Ferreras), Santiago Viñuelas Mañero le pidió a su mentor espiritual que escribiera por él unas líneas pocos minutos antes de llevarse a cabo la ejecución el 19 de noviembre de 1959. «Quiero escribir que mi arrepentimiento no es sólo de palabra, sino de corazón», rezaba el escrito firmado antes de que ambos se fundieran en un abrazo, «un abrazo muy íntimo que jamás podré olvidar. Sus barbas me picaron, pero su beso fue de arrepentimiento cristiano», recordaba para El Diario Palentino Germán García Ferreras. Eran las seis y media de la madrugada del 19 de noviembre de 1959 y el presidente de la Audiencia volvió a hablar por teléfono, pero de Madrid no llegó el indulto solicitado en última instancia. «Tampoco él lo esperaba y, por eso, en toda la noche jamás preguntó si llegaría», apostilla García Ferreras.

Según aparece en la diligencia de ejecución incluida en el expediente del sumario 61/1958 -rollo de sala 311/1958- y que actualmente se encuentra depositado en el Archivo Histórico Provincial, siendo la hora próxima a la ejecución, el director de la Prisión Provincial de Palencia pidió órdenes al tribunal sentenciador, cuyo presidente ordenó el cumplimiento de la sentencia de muerte.

El reo fue trasladado inmediatamente a un local del centro penitenciario donde estaba instalado el cadalso y en el que le esperaban los dos verdugos designados al efecto.

Eran las seis y media de la madrugada y la sentencia se cumplió. La ejecución fue presenciada por Lucio Hernández Díez en representación de la autoridad civil; Luis Arribas Fernández en representación de la autoridad municipal; el director de la prisión, Manuel Fernández Torres; y el jefe de los servicios de la Prisión Provincial, Jesús Vega Zarzosa. También estaban presentes los auxiliares del Cuerpo de Prisiones, Vidal León Martínez y Tomás Escribano Castillejo; el médico forense, Dalmacio Martínez Valdivielso; el médico de la prisión, Teófilo

Abad Fernández; los vecinos de la ciudad Ángel Ortega Alonso y José Alonso Frías, que habían sido designados por el alcalde; y, por último, el confesor, el Padre Manuel Portillo. El cadáver de Santiago Viñuelas Mañero, tras los trámites pertinentes, fue finalmente inhumado en el Cementerio Municipal de Palencia, según consta en el correspondiente expediente.

«LE DIO LA MANO A UNO ANTES DE MORIR PORQUE LE CONOCÍA».

Fue una escena surrealista. Santiago Viñuelas Mañero, antes de morir, tuvo la gentileza de dar la mano a uno de sus verdugos, Antonio López Sierra, al que conocía por su condición de paisanaje.

López Sierra, que a lo largo de su historia ajustició a 17 reos (Juan Diego Quesada, El País, 27 de noviembre de 2011) se hizo famoso por haber ejecutado al conocido delincuente El Jarabo y también a Salvador Puig Antich. Este anarquista español, activo durante la década de los 60 y comienzos de los 70, murió ejecutado por el régimen franquista tras ser juzgado y condenado a muerte por un tribunal militar, acusado del asesinato en Barcelona del subinspector de la Brigada Político Social, Francisco Anguas Barragán, durante un tiroteo que concluyó con su detención. Antich fue el último ejecutado en España a garrote vil. El mecanismo del garrote vil, en su forma más evolucionada, consistía en un collar de hierro atravesado por un tornillo acabado en una bola que, al girarlo, causaba a la víctima la rotura del cuello. La muerte del reo se producía por la dislocación de la apófisis odontoides de la vértebra axis sobre el atlas en la columna cervical.

Pero volviendo a la ejecución en la prisión palentina, Antonio López Sierra fue el ayudante de su amigo y colega Vicente López Copete, ejecutor de la Audiencia de Barcelona que acumuló 14 sentencias cumplidas entre febrero de 1952 y mayo de

1966 (Juan Eslava, *Verdugos y Torturadores*), y fue el que realmente ejerció de verdugo de Santiago Viñuelas Mañero, según relata Eslava. «Tomaron varias copas de coñac antes de cumplir con el trámite», subraya Germán García Ferreras.

Foto de Santiago Viñuelas Mañero, último reo ejecutado en Palencia el 19 de noviembre de 1959 por violación y asesinato de la joven llamada Landelina Medrano Merino, de 17 años, en Aguilar de Campoo

Relato número 29

A continuación, un relato resumen o más bien una crónica informativa y más detallada que lo fue de uno de mis trabajos
conservados a modo de tesina obligatoria que realicé en la
UNED en una de las asignaturas de Historia del Arte para completar la licenciatura. En esta crónica resumen omito las numerosas fotos, y los diferentes planos del palacio trazados y escritos
a bolígrafo o a mano como era normal en aquellos tiempos sin
internet y sin ordenadores personales, resultaban más laboriosos
de realizar y hoy en día los archivos de la Diputación están al
alcance de cualquier persona que les quiera consultar en las aplicaciones correspondientes de la red.

EL PALACIO DE LA DIPUTACIÓN
ARQUITECTURA MODERNA DE PALENCIA

ÍNDICE GENERAL, LA DIPUTACIÓN

INTRODUCCIÓN

En el presente trabajo académico que constaba en su original de 28 páginas escritas a mano con planos y fotos incluidas del Palacio de la Diputación de Palencia fue propuesto por el programa de la UNED durante el curso 1991/1992 dentro de la asignatura de Historia del Arte Moderno y Contemporáneo, aunque fuese como un proyecto final de estudios de la licenciatura, me resultó original y placentero, ya que en un principio despertó mi curiosidad y en mi caso lo realicé con sumo gusto y con ánimo de cultura.

Como cabe esperar de un trabajo con esfuerzo añadido y realizado a mano entre las muchas tareas encomendadas a los alumnos del último curso de la UNED, cabe esperar que esta especial labor enriquezca mi formación artística y cultural con respecto al arte arquitectónico de la ciudad de Palencia.

Los títulos propuestos en el índice general son específicos y a modo de esquema preliminar. Les trato en el índice para que sirvan de orientación rápida y colaboren con éxito en su primera lectura y su parte teórica.

La verdad sea dicha que a partir del trabajo iniciado cuando se visualice el lugar elegido (el Palacio de la Diputación) sabré razonar y analizar sin dudas ante los interrogantes que hasta ahora se daban en mi conciencia acerca del edificio en cuestión. Sabré dar explicaciones precisas a cualquier pregunta que se presente, bien por mi parte, o bien por los acompañantes que tenga en ese momento.

El edificio de la Diputación, aunque es bien conocido y visualizado por la mayoría de los palentinos lo es muy ignorado con respectos a su flamante historia y a sus líneas y a su estilo arquitectónico.

Por consiguiente, en el presente estudio ahondo someramente en las raíces de su construcción y en su historia para comprender el arte de la época y la necesidad de la ciudad de Palencia. Indago en las fuentes bibliográficas locales y doy mi garantía de respeto y del conocimiento del patrimonio monumental expuesto a continuación.

REFERENCIAS HISTÓRICAS Y GEOGRÁFICAS DE PALENCIA

La antigua ciudad de Palencia centro de la comarca poblada por los vacceos fue llamada por Estrabón y Tolomeo Pallantia nombre derivado de diferentes etimologías, pero Menéndez Pidal sentando su autoridad académica dijo que el nombre es simplemente topográfico y relacionado con la ubicación de la ciudad junto a un collado y su río correspondiente llamado el Carrión.

Dentro del Imperio Romano siendo Cónsul Lúculo en el año de 151 a.C. las tropas romanas ponen cerco a la ciudad Vaccea. Por lo tanto, el escenario bélico acredita su heroísmo en los textos históricos emulando a la misma Ciudad de Numancia a la que ayudan en su rebeldía por lo que fue duramente castigada y quizás fue el motivo principal de su decadencia posterior.

Dejando el tema histórico para más adelante por no ser el mejor lugar para su descripción paso brevemente a un resumen geográfico de la presente ciudad de Palencia o Pallantia.

Palencia se asienta en plena Tierra de Campos de la Meseta Alta Castellana. La ciudad con una altitud de la ciudad de 741 metros sobre el nivel medio del mar de Alicante (hito de medición en el Instituto Jorge Manrique). La estructura urbana se extiende longitudinalmente de norte a sur entre la marguen izquierda del río Carrión y la línea férrea de Madrid a Santander. La provincia de forma alargada y llena de comarcas como son; el Cerrato, la Tierra de Campos, La Ojeda, La Pernía, los Valles, y la Montaña Palentina entre otras, por ello hay diversos contrastes geográficos en sus 8.052 kilómetros cuadrados.

Con referencia al año 1910 la propia ciudad contaba con una población de 18.055 habitantes frente a los 76.331 de hoy (2023) o los 177.976 habitantes de su provincia en esas fechas.

La evolución demografía como es de esperar ha tenido un efecto de crecimiento positivo de la ciudad de 18.000 a 75.000 actuales y de efecto negativo en la provincia pasando de 177.976 a 160.000 habitantes actuales como parte de la España vaciada. La fuerte emigración nacional y local a lo largo de los años se fueron con preferencia al País Vasco y a Cataluña.

Datos estadísticos del Padrón municipal para valorar el tamaño del Palacio Provincial de la época de su construcción.

ANTECEDENTES DE LA DIPUTACIÓN DE PALENCIA

Las raíces históricas de las diputaciones se remontan a las leyes desamortizadoras del 23 de octubre y Ley de Mendizábal 19 de noviembre del 1835. Leyes que determinaron y encargaron a las delegaciones de Hacienda el administrar los bienes incautados en la Desamortización. En el caso de los edificios y construcciones debían ser destruidos o reutilizados por organismos oficiales si el espacio era suficiente.

Las diputaciones en general nacen y están vinculadas a la reforma territorial, es una rectificación e institucionalización de la propia división del territorio. Por lo tanto, es un organismo público dependiente del poder central al que recargaron con las competencias ajenas a la Justicia hasta entonces gobernadas por las cancillerías y las audiencias en el orden de la administración local. En el caso de Palencia el edificio en cuestión recae en el convento de San Francisco destinado en un principio a un cuartel de base militar.

Una comisión de funcionarios "habiendo sobrante" examinan los planos del convento, compuesta por Vicente Fraile del gobierno político, Juan Ramón Calvo por parte de la Diputación Provincial y Antonio Urízar de Intendencia. Esta comisión en una Real Orden del 22.04.1839 aprobó el traslado de las oficinas quedando instaladas el 01.07.1839. El rápido traslado obedece y se justifica por el ahorro que suponía al Estado central el alquiler que venía pagando los tres organismos oficiales. En el citado convento convivieron los organismos siguientes: Hacienda ocupa la planta baja, la Diputación la planta principal y el Gobierno Civil ocupa la segunda planta.

Como es de esperar de un edificio obsoleto, las reformas y los retoques arquitectónicos fueron ininterrumpidas a lo largos de los años, todo un complejo de parches y puro mantenimiento que nunca fue suficiente e incluso fue perjudicial para la convivencia de los citados organismos oficiales.

Años posteriores a la ocupación de la corporación provincial se pensó en la construcción de nuevos edificios, pero el ajustado presupuesto de una ciudad caciquil y pequeña lo hacían un tanto arduo y difícil de conseguir.

Así se llega hasta finales del siglo XIX para llegar a un acuerdo firme de construir un edificio por parte de la Institución Provincial.

Se remonta la sesión general al 08.02.1882 en la que Antonio Yágüez Jalón al frente de la Institución propuso la adquisición de un solar en los términos siguientes:

1º construcción del edificio con los fondos provinciales.

2º nombrar una comisión compuesta por Yágüez Jalón, Martínez Merino, Herrero y Castillo.

3º incluir todos los gastos de la construcción del edificio en cinco ejercicios económicos.

La citada comisión tras muchos abaratares políticos y económicos deciden adquirir por concurso público el solar siendo autorizado por el organismo oficial competente el 07.09.1902. Aceptan por mayoría la proposición de Doña Loreto Martínez de Azcoitia. El 18 de junio del año 1903 se firma la escritura de compraventa ante el notario Don Francisco Pérez Sánchez.

El asunto fue publicado por la Gaceta de Madrid el 05.04.1903 y en el Boletín Oficial de la provincia el 18.03.1903.

Quedan marcadas las directrices y las necesidades de la dependencia pública con una serie numerada:

1º Una superficie mínima de construcción de 1.980 metros cuadrados.

2 º Forma regular de la planta construida.

3º Una situación céntrica dentro de la ciudad como se corresponde con la categoría del edificio.

4º Disposición en su estructura externa que permita tres fachadas libres a las tres calles o plazas adyacentes.

5º Solar libre de cargas económicas y libre de inquilinos.

El solar con estas condiciones se compra por un valor de 75.000 pesetas y se procede de inmediato a la subasta del derribo, realizándose en breve tiempo pese a que todavía había inquilinos viviendo en el edificio.

El derribo se adjudica finalmente a Ezequiel Valcárcel González contratista que paga las tasas correspondientes. Coloca las vallas de protección y le abonan la cantidad de 15.000 pesetas por el valor del derribo pagando la Corporación por su trabajo de demolición con un gasto de 4.950 pesetas y quedando una cantidad sobrante por la diferencia de 10.050 pesetas que los ingresa el contratista a la Corporación. Provincial.

Resta un dato muy curioso, en el tiempo que permaneció la solar vacante coincidió con las ferias de San Antolín y el empresario José N del Val pidió permiso para instalar un circo teatro en el solar vacío y se le autorizó siempre que dejase el citado solar en buenas condiciones y por supuesto pagase las correspondientes tasas obligatorias.

CONSTRUCCIÓN DEL PALACIO PROVINCIAL

El proyecto definitivo de la construcción se presenta el 24.04.1906. Se aprueba en octubre del mismo año y se le encarga al arquitecto en funciones don Jerónimo Arroyo. Don Jerónimo recibe por parte de la Diputación las condiciones económicas y delegativas del proyecto que decían:

1º La elección del estilo arquitectónico tenía que ser el más oportuno según los gustos y moda de la época y según la categoría de la Institución.

2º El edificio debía tener sótano, planta baja y planta principal, así como otras dependencias detalladas como patio interior, museo, biblioteca etcétera.

3º Que las dependencias tengan amplitud suficiente por si en un futuro se considerase ampliar.

4º El edificio solo sería habitado por un portero mayor con su respectiva familia.

5º Para poder cumplir con las normativas legales y las condiciones económicas de la subasta se acuerda nombrar a un delineante temporal que recae sobre Rafael López con un haber de 150 pesetas.

Jerónimo Arroyo prepara la documentación precisa para complementar todo el expediente y se anuncia en primera subasta previa a la autorización del Ministerio de la Gobernación de Madrid y de Palencia, quedando desierta en ambas capitales. Se fija una segunda subasta el tres de abril igualmente queda desierto en Madrid y en Palencia, sale licitador Don Cándido German Esteban, arquitecto municipal, contratista y dueño de una gran fábrica de cerámica (La Tejera de Palencia). Se Adjudica la obra por un importe provisional de 530.825,76 pesetas.

Tales acontecimientos se publican en el B.O.E. de la provincia y en la Gaceta de Madrid. Todos los trámites legales, finanzas, anuncios y escritura pública son responsabilidad del notario Juan Pérez Domínguez y como presidente de la Diputación Don Manuel García de los Ríos.

El desarrollo de las obras comienza el 23.10.1907 y se acuerda que las liquidaciones al contratista se hagan parciales y en trimestres vencidos.

Al año siguiente de las obras 05.06.1908 el arquitecto propuso a la Diputación la conveniencia de comprar un muro anexo que pertenecía a la casa número 5 de la calle Berruguete para el aumento de la fachada, proporcionando más luz y ventilación al edificio y con un gasto minúsculo. Gestionando el asunto con el dueño de la casa este accede y se valora en unas 637 pesetas. La superficie del muro era de tan solo 2 metros cuadrados.

Por otro lado, como las cosas del palacio van despacio se presenta algún inconveniente como el retraso en los pagos al contratista hasta llegar al año 1910 que se presenta un parón en las obras. El propio contratista avalado por los informes favorables del arquitecto alude que necesita una prórroga de un año para terminar las obras por razones técnicas. Esas razones son: que encuentran una capa acuífera que dificulta la cimentación y se hace necesario dar una mayor profundidad a los cimientos con medios mecánicos, que es la época de los hielos del invierno y dificultan también las obras, otra razón la falta de pagos por parte de la Diputación al contratista.

En su progreso de las obras el 11.05.1911 el arquitecto Jerónimo arroyo cree necesario dirigirse a la Diputación para recordar que el acabado interior no está en el proyecto y se hace necesario poner en marcha, pero propone que no sea con el sistema de subasta pública sino por concurso libre. La diputación acepta y procedió a detallar las condiciones referentes al estilo y a los materiales, con una puntualización añadida que la obra artística fuera realizada con preferencia de autores palentinos o hijos de la provincia.

PRESUPUESTO GENERAL
SOLAR………………………… 75.000 pts.
CONSTRUCCIÓN…………. 530.825 pts.
DECORACION…………….49.000 pts.
PINTURA CORRIENTE……20.000 pts.
CALEFACCIÓN……………14.000 pts.
MOVILIARIO………………39.500 pts.
Total, provisional: 745.825 pts.

Dato curioso y económico y para las comparaciones, es la del presupuesto del Ayuntamiento de Palencia del año 1902 tenía un presupuesto global de 602.204 pts.

Este segundo periodo de construcción no fue al ritmo deseado y la misma Comisión da un toque de queja al contratista. El propio Cándido German se justifica con las demoras del acabado interno del edificio por causas ajenas a él como fueron el retraso en los pedidos de hierro, la falta de la gran vidriera del salón y las obras decorativas no se queden, la falta de la gran vidriera del salón y las obras decorativas que no se pueden completar hasta instalar las partes internas que afectan y se relacionan con la calefacción. El vestíbulo y la escalera imperial no se complementen para evitar desperfectos. Se le concede una prórroga avalada de nuevo por el informe del mismo arquitecto. El 17 de enero del 1914 muere accidentalmente el contratista y de inmediato sus hijos y herederos se hacen cargo en las mismas condiciones de las obras anteriores.

LA SENCILLA INAGURACIÓN OFICIAL DEL PALACIO

Poco antes de concluir las obras finales el arquitecto Don Jerónimo Arroyo solicitó excedencia de su cargo por haber sido nombrado Diputado a Cortes por el distrito de Astudillo y ser dos cargos públicos incompatibles. La excedencia no se la conceden hasta un año después de ser nombrado su maestro auxiliar Vicente Casado como encargado de las obras en la fecha del 29 de mayo del 1914.

Por otro lado, el 16 de junio 1914 la Comisión amenaza con una multa legal al haber agotado los plazos de construcción y el 7 de agosto los contratistas comunican que las obras se dan por finalizadas salvo los pequeños detalles como la instalación eléctrica, los timbres, los rótulos de las puertas interiores etcétera.

En septiembre del año 1914 la Comisión Provincial a cuyo frente estaba el presidente de la Diputación Don Diez Quijada realiza la recepción provisional de la obre, manda el traslado de los enseres utilizando el personal libre y los hábiles para el trabajo de los talleres de la Beneficencia, así como de la documentación y ordenanzas oficiales. Se solicitan por parte del Ministerio de Fomento algún cuadro u objeto de adorno de acuerdo con la categoría y la grandiosidad del Palacio para la decoración de los principales salones del nuevo Palacio Provincial.

El 19 de octubre del 1914 se celebró la 1 ª reunión general formada por el presidente Diez Quijada y los concejales siguientes, Fernández Lomana, Redondo Martin, Santander Gallardo, Salvador Zurita, Muñoz Jalón, Doncel Aguirre y Calderón Martínez. Lo preside a nivel central el Gobernador Civil con un discurso de protocolo de inauguración oficial y asiste algún periodista a nivel local. Posteriormente intervienen los diputados en los asuntos económicos y políticos relacionados con la finalización de las obras poniendo a la vista todas las cuentas realizadas hasta el momento. Una sencilla lápida en la piedra inscrita con los nombres de los diputados de la sesión extraordinaria de la inauguración y dos recortes de en la prensa local de la época nos muestran el sencillo acontecimiento que tuvo lugar englobando toda una historia artística.

AUTORES PRINCIPALES DEL PALACIO PROVINCIAL

Se debe citar en primer lugar al arquitecto provincial Ángel Cadarso y Greño que tras su informe negativo por parte de la instalación de la Diputación provincial en un ala izquierda del edificio de la Beneficencia Provincial se abandona el proyecto y se gestan nuevas intenciones de la construcción de un nuevo edificio.

Tras la muerte el 24 de junio de 1889 del arquitecto Ángel Cadarso ocupa el cargo el arquitecto Francisco Reynals pasando a su historia negativa por su mala gestión como constructor y por sus ausencias incontroladas que le obligaron a su funesta dimisión.

El día 8 de noviembre de 1899 ocupa el cargo interinamente Jerónimo Arroyo López quien se encargará de todo el proyecto pendiente y la realización de las obras del palacio de la Diputación.

Junto al autor del Palacio citado trabaja el delineante Rafael López que será cesado el día 5 de enero del 1907 por no ser necesario sus servicios. Como maestro auxiliar trabaja Vicente Casado y como contratista el señor Cándido Germán con todo su equipo de profesionales anónimos que ya me gustaría saber más de ellos profesionalmente hablando.

El año 1914 Jerónimo Arroyo pide la excedencia como arquitecto provincial y hasta el siguiente año no figura otro arquitecto que lo fue Jacobo Romero, provisionalmente hasta que ocupa el cargo oficial por concurso oposición en dura competencia profesional con el arquitecto provincial Avelino Díaz Fernández.

Hasta el día de hoy han intervenido otros arquitectos oficiales como es de suponer, pero merece la pena destacar a Antonio Font de Bedoya que realizo las grandes reformas de la segunda y tercera fase del Palacio, así como las profundas reconstrucciones posteriores al caótico incendio del 24 de diciembre de 1966 y merece la pena recordar a German arroyo hijo del singular Jerónimo arroyo que murió en el incendio como director del parque de bomberos de la Diputación de Palencia.

DESCRIPCIÓN ARQUITECTÓNICA DEL PALACIO

Exteriormente se trata de un edificio de planta pentagonal e irregular con torres ligeramente salientes en planta de tres de sus ángulos. Una bella fachada principal en chaflán entre la calle Burgos y la de Joaquín Costa y orientada geográficamente al sur.

Los materiales utilizados en su construcción son de la piedra de Hontoria de Burgos sobre la base del zócalo y la fachada principal, ladrillo prensado de la cerámica de Cándido en todos los muros, hierro forjado en algunas columnas y patios interiores. Toda la decoración interior está realizada a base de piedra artificial de la fábrica de "gallego" y Jerónimo Arroyo. En los interiores del edificio se empleó molduras y elementos de escayola en la decoración.

El edificio presenta dos cuerpos en todo su conjunto excepto en la fachada de la calle Berruguete que tiene tres a causa de una entreplanta existente en esa ala. Las torres sobresalen en altura del cuerpo principal teniendo un cuerpo más.

La fachada principal construida en piedra de Hontoria, dividida en dos cuerpos y como remate un mitológico frontispicio. En el cuerpo inferior tres grandes puertas bajo arcos de medio punto emulando a una entrada neoclásica, con cristaleras a color y protegidas con finas rejas de hierro afiligranado, todo el cuerpo enmarcado por cuatro pilastras adosadas al muro, sobre ellas cuatro apoyos ornamentales en saledizo (ménsulas) y un friso decorado sustentando un balcón en piedra y corrido a lo ancho de la fachada.

En el segundo cuerpo se abren tres espaciosos vanos rectangulares rodeados por sencillas molduras planas, cada vano encierra una ventana rectangular reafirmada por dos columnas de orden jónico y con el fuste estriado, también refuerzan el dintel de cada ventana un par de columnas a cada lado del vano a modo de jambas, pero de otro orden, el corintio y con el fuste liso en su parte inferior decorada.

En el intermedio del segundo cuerpo y el remate se desarrolla la parte más movida de la fachada, lo separa un entablamento con un friso decorado a lo largo de la fachada. Por otro lado, centrado sobre los vanos se disponen de tres lunetos con bustos salientes en unos medallones y estos a su vez franqueados por dos esculturas de cuerpo entero que descansan sobre la repisa. El busto de la izquierda se corresponde con Berruguete y las figuras representan a Industria con una rueda y al Trabajo con un martillo. En el centro el busto de María Padilla con el relieve de Agricultura y Bellas Artes. Sigue a la derecha el busto de Alfonso X el Sabio junto al Comercio y la Ciencia con un libro. Todo este repertorio escultórico de valor iconográfico son obra del escultor Natalio Rivas.

Se añade al conjunto cuatro pares de pequeñas columnas jónicas que son capaces de sujetar otro entablamento liso y sobre el va centrado el frontispicio en lo alto de la fachada. Se forma con un grupo escultórico de cuerpo entero de mayor tamaño que el precedente- La figura central representa una alegoría de la ciudad, sostiene en su mano derecha un gran escudo de Palencia, a los lados una bella composición triangular figura un hombre y una mujer vestidos con el típico traje regional de los que cuenta el argot popular que eran los panaderos de Grijota. A los pies del grupo un rótulo encierra el nombre de "DIPUTACIÓN PROVINCIAL"

El resto de las fachadas repiten la misma composición decorativa; zócalo en piedra, muro en ladrillo rojo, una fila de ventanales rectangulares remarcados con molduras losas sobre ellas una repisa con motivos decorativos, destacan pese a su pequeño tamaño dos angelitos (llamados *putti*) custodiados por los repetidos flameros.
Las diferencias las tiene la fachada de la calle Berruguete que cuenta con una puerta de acceso, es de estructura más tardía, más sencilla y cuenta con una entreplanta, apreciándose exteriormente por una fila más de ventanas.

Recorriendo todo el remate de las fachadas coronando el tejado destaca la crestería compuesta por un flamero central entre dos figuras alegóricas, desnudas y flanqueadas por dos flameros más pequeños con una peri florera en adorno vegetal.

Terminando con el exterior una breve mención a las tres decorativas torres que se disponen en tres ángulos y orientados según el esquema siguiente, (SE, EN NW), Nos muestran dos de sus frentes al exterior sobresaliendo en altura con un cuerpo más con respecto a las fachadas laterales, disponen de unos balcones salientes en cada frente con un friso decorativo y enmarcados con la superposición de las órdenes; dórico y jónico. En el tercer cuerpo se abren unos vanos reducidos con el antepecho abalaustrado y cerrados con arcos de medio punto. Las esquinas de las torres están reforzadas con piedra artificial y a media altura decoradas con los escudos de la provincia de Palencia y en escuadra.

La parte interna es más compleja de narrar, primeramente, por sus numerosas dependencias en las que en muchos casos son inaccesibles y oficiales y, por otro lado, con unas profundas transformaciones con el paso del tiempo o de los gustos particulares de la época, lógicamente y por suerte no cambia la estructura general del edificio.

Dentro del edificio nos encontramos con un vestíbulo amplio, conserva un gran mural en el techo de Eugenio Oliva, todo el enmarcado con molduras de yeso, profundamente decoradas. De frente tenemos tres grandes puertas de madera noble tras subir nueve escalones. Adornan la entrada una cornisa soportada por ménsulas pequeñas que refugia entre sus recovecos motivos vegetales como dados, ovas y hojas de acanto. Merece la pena destacarlas pilastras en hierro con zapatas a modo de jambas que nos recuerdan el plateresco salmantino.

Traspasadas las puertas de entrada accedemos a unas escaleras majestuosas de tipo imperial con balaustrada dorada y de frente una cristalera a color que da al patio con bellos escudos esmaltados haciendo referencia a la ciudad y a los municipios de la provincia. Aquí también se conserva la lápida en piedra fina con los nombres de los diputados que inauguraron el Palacio.

El patio interior cerrado e irregular como la misma planta, es el núcleo organizativo del edificio en torno a él giran todas las dependencias del edificio alterado por la caja o el hueco de la escalera, a modo de claustro renacentista, rodeado de amplias galerías acristaladas y numerosos motivos ornamentales. El cuerpo inferior posee esbeltas columnas de hierro rematadas con zapatas, cierran unas cristaleras de claro ambiente gallego cuya finalidad entre otras es la de aguantar los rigores climáticos de la meseta castellana.

En el cuerpo superior se repite el mismo esquema con la particularidad de un friso corrido y decorado todo a lo largo del muro exterior, así como debajo otro friso con numerosos medallones con cabezas humanas simulando a los edificios del plateresco renacentista. La luz al interior la proporciona unos amplios ventanales rematados con arcos de medio punto hasta casi encontrarse con el remate de la crestería interior del patio. Las ventanas reafirmadas con esbeltas columnas abalaustradas y bellamente decoradas. Todo el conjunto acristalado del patio da una tonalidad clara en contraste con el rojo del ladrillo del muro y resalta un tono bicolor de efectos llamativos y modernos.

Con respecto a la pintura artística del interior solo hay que destacar los lienzos de Meneses, Eugenio Oliva, Asterio Mañanos, Casado del Alisal, Germán Calvo, Pedro de los Mozos y otros palentinos contemporáneos. Referente a la cúpula central de la escalera reconstruida después del incendio ha sido pintada por Fernando Calderón y representa el asedio de Palencia por las tropas del Duque de Lancaster. Antes del incendio había una pintura del asedio de los romanos contra los vacceos por Oliva.

ESTILO Y TENDENCIAS ARQUITECTÓNICAS

El arquitecto Jerónimo Arroyo López fue alumno del arquitecto y profesor de la Universidad de Barcelona Luis Domènech, en su madurez asienta su actividad como profesional en las ciudades de Valladolid y Palencia. Además, impulsó iniciativas empresariales y se codeaba con la alta sociedad palentina ya que fue diputado a Cortes por Astudillo en el partido Liberal y fue de tendencia opuesta a su cuñado en primeras nupcias. El famoso Abilio calderón, el gran cacique de Grijota del partido Conservador.

A Jerónimo Arroyo se le convierte en un hito histórico artístico sus cambios profundos y morfológicos que hizo a la ciudad de Palencia, lo vemos en sus característicos edificios por la ciudad. Dentro de sus construcciones sobresalen las formas florales blandas como elementos decorativos y la presencia de curvas sinuosas de estilo látigo en puertas y ventanas, así como en sus carátulas publicitarias de sus propias empresas, la fábrica de piedra artificial que el mismo diseñaba.

Una de sus primeras obras fue en Centro de San Isidro que utilizando piedra artificial recuperó el gótico final en línea similar a los arquitectos modernistas que construían en Cataluña y pioneros del estilo neogótico. Numerosas obras realizaron en Palencia de las que se pueden citar; Edificio de la Estación Enológica hoy el centro cultural. El grandioso y armoniosos Instituto Jorge Manrique de claro influjo vienes. El colegio Villandrando. El manicomio de hombres hoy rehabilitado. El hotel Samaria hoy desaparecido. La casa de Florida, también derribada. Las reformas del teatro Principal. La participación con Victorio Macho en la construcción e histórico Cristo del Otero. Casas señoriales en la Calle Mayor y Don Sancho. Otras villas privadas de Palencia y su estudio.

En España en la época de la construcción del edificio de la Diputación, Maura ocupa el gobierno Central en una política alternativa entre la Restauración y el Caciquismo. Palencia sigue la misma evolución política nacional y lo mismo en la arquitectura. El centro de la ciudad se monumentaliza con reformas profundas sustituyendo con edificios modernos e incorporados a los elementos los materiales de la época, como el cemento, piedra artificial, ladrillos, hierro y vidrio. Se incorporan estos materiales en los nuevos mercados, estaciones, edificios públicos sustituyendo a los tapiales y los adobes, aporta color natural, más resistencia y se adapta perfectamente con la piedra y el hierro a las bases y los refuerzos.

Esta arquitectura de las primeras décadas y del siglo responde a una utilidad, a un fin, satisfacer la razón. Parte de unos materiales característicos, de la luz, y lo desarrolla desde el interior en función al exterior. La fachada busca la belleza en la proporción, en el orden y en el equilibrio de una manera simple.

Nuestro Palacio Provincial responde en formas y estructuras a un estilo Neo-plateresco con ese historicismo visible de matices nacionalistas. Arroyo en esta línea ecléctica vivió a expensas de las tendencias artísticas del pasado construyendo según las maneras neorrenacentistas y neoplaterescas incluso neoclásica por esa triple entrada que lo imita.

Para Jerónimo Arroyo conocedor de los edificios del siglo XVI le sirven de fuente de inspiración como son la fachada de La universidad de Alcalá de Henares, las disposiciones de la Torres del Palacio de Monterrey con ese remate en forma de logia y sus crestarías del arquitecto Rodrigo Gil de Hontañón, así como los frisos y medallones decorativos de la Puerta de la Bisagra de Alonso de Covarrubias. En lo moderno conoce las grandes exposiciones de Europa; Londres 1851, Paris 1889, Barcelona 1888, de los cuales copia elementos del Pabellón de José de Urioste, sus figuras, además de las maravillosas cúpulas de cristal, las zapatas de hierro, las galerías, etcétera.

Arroyo tiene la posibilidad de combinar dentro de un mismo edificio las tradiciones peninsulares, las renacentistas, lo hispano musulmán, lo italiano y lo moderno. Todo un lujo en la arquitectura oficial y palaciega. Una construcción burguesa normalizada con predominio en el ladrillo, todo un original sin antecedentes en la ciudad de Palencia. Pero el edificio no le planteo especiales problemas desde el punto de vista estructural y mucho menos en la simbiosis de sus respectivos sistemas ornamentales. En este sentido la arquitectura de la Diputación Provincial resulta armoniosa y de carácter diferenciado, fue aceptado por los ediles de la ciudad, por las familias nobles, y por el pueblo en general. Ya que el edificio se distingue por su carácter abierto a la ciudad, siendo su aspecto regular, sus fachadas organizadas con numerosos vanos al exterior y un marcado carácter horizontal.

REFORMAS POSTERIORES A LA CONSTUCCIÓN DEL PALACIO

Entre los años 1962 y 1966 se proyectan y se realizan una serie de reformas profundas del palacio por el arquitecto Antonio Font y el contratista Francisco Domingo. Destaca la construcción de un tercer torreón en la esquina de la calle Berruguete, se completó el edificio como manzana aislada todo ello en la misma línea arquitectónica anterior.

A punto de concluir la 3º fase de la reforma y a los 52 años de su inauguración tuvo lugar el caótico incendio que asoló el edificio. Era el 24 de diciembre del 1966 a las 4 de la tarde. El primer foco incendiario partió de la chimenea de la calefacción según investigaciones posteriores y fue probable que el fuego estuviese latente días anteriores.

Las primeras alarmas alertaron a la población en un día señalado y teñido de una niebla intensa y del calor de las llamas que devoraban la reseca madera de la estructura. El día y la niebla retrasaron la llegada de los bomberos de las ciudades de Valladolid y Burgos agravaron la situación. A las ocho de la noche el fuego quedó extinguido, pero antes se llevó la vida del director del parque de bomberos, Gaspar Arroyo arquitecto del ayuntamiento de la capital e hijo del popular Jerónimo Arroyo. La causa de la muerte fue un embolsamiento de agua sobre la bóveda y debido a su gran peso se desplomó sepultando a Gaspar, que en esos momentos se encontraba recuperando un cuadro del vestíbulo. Las llamas y los derrumbes afectaron a toda la planta superior, quedó destruido las tres cuartas partes del edificio con la excepción de la parte nueva que construida con materiales modernos como el cemento y el hierro aguantaron y sirvieron de freno al fuego.

Se quemaron o desaparecieron numerosas obras del Patrimonio Artístico Palentino, cuadros como es de Jorge Manrique de Mañanos, el Viatico en el Mar de Oliva. El Autorretrato de German Calvo, el cuadro de Isabel II de Morate, una virgen gótica de Villa Sila. Se salvó milagrosamente un cristo del siglo XVI.

El arquitecto Font de nuevo se encarga de la reconstrucción total e interna del edificio con una mejora en la calidad de los materiales y el mobiliario más moderno. En el año 1969 se dan por concluidas las obras.

Hasta el día de hoy no se han realizado obras de consideración salvo el mantenimiento habitual en este tipo de edificios oficiales que desde luego no afectan a su estructura anterior. Hoy el edificio goza de un aspecto externo e interno de calidad y prestigio digno de consideración en la urbanística palentina y esta dentro del conjunto del patrimonio artístico local.

FUNCIONALIDAD DE LAS DIPUTACIONES PROVINCIALES

Las diputaciones tienen su origen en las reformas territoriales que dividieron el territorio por las competencias oficiales y de las que antiguamente ejercían las cancillerías y las audiencias.

Se trata por lo tanto del gobierno político de las provincias, a cuyo frente y como dirigente está el jefe superior nombrado por el Rey, hoy es un presidente elegido democráticamente por los alcaldes y el pueblo general.

Primitivamente, la Constitución del 1812 regula las diputaciones bajo la ley y el artículo N.º 324/337 que decía en su título." Del gobierno político de las provincias y de las diputaciones provinciales" posteriores convulsiones políticas afectaron a su existencia. Las diputaciones fueron suprimidas por Real Decreto. El objetivo de la diputación es promover la prosperidad integral de la provincia. Su atribución consiste en colaborar con el Gobierno central en la ejecuciones de las leyes, intervenir y aprobar los repartimientos proporcionales de las contribuciones, controlar las inversiones y cuentas con los pueblos de la provincia, cuidar y crear los nuevos ayuntamientos, proponer arbitrios al Gobierno para obras públicas, promover la educación de la juventud, fomentar la agricultura, la industria, el comercio, poner en conocimiento del Gobierno los abusos de las rentas públicas, formar los censos y las estadísticas, la asistencia social, comunicar las infracciones.

Anteriormente en su papel de mecenazgo y junto con las academias de bellas artes concedía becas y pensiones para el estudio de pintores y artistas en el extranjero, Roma, Paris.

En la práctica la Diputación es la autoridad máxima e inmediata de los ayuntamientos de la provincia, con una función y con un carácter centralista y democrático. Una breve mención puntual a los 191 municipios de Palencia que están agrupados en las comarcas agrarias siguientes; El Cerrato; La Tierra de Campos; La Vega de Saldaña; La Valdavia; El Boedo; La Ojeda; Guardo, Cervera de Pisuerga Y Aguilar de Campoo. Origen de las regiones naturales llamadas: La Montaña Palentina, La Valdivia, La Ojeda, la Valdavia, La Paramera, La Tierra de Campos, y el Cerrato Palentino.

Hoy por hoy la Diputación mantiene convenios para la reparación de los templos religiosos, la mejora de la red viaria, y la fluvial, las comunicaciones y los espacios periurbanos. Lo más actual en Palencia según las palabras de su actual presidente Jesús Mañueco que dice; La Diputación apoya todas las iniciativas que se consideren importantes para el desarrollo industrial y el turístico de la provincia de Palencia.

CONCLUSIÓN DE LA OBRA

Concluido el presente trabajo a tan solo la valoración personal que determinen y evalúen su resultado o la importancia que se le quiera admitir culturalmente hablando y por supuesto abierto a todas las sugerencias y puntualizaciones para la mejora de los diferentes apartados.

Pero dejando atrás los temas ya elaborados con mejor o peor fortuna, mi intención ha sido clara, la de servir a unos propósitos bien concretos, ser lo más verídico para su mejor credibilidad, tener un lenguaje fácil para una lectura entretenida, ser más técnico y artístico para el mejor conocimiento del edificio y por supuesto aprobar la asignatura pendiente; Historia del Arte.

Por otro lado, la necesidad de valorar el escrito desde mi óptica cultural y como alumno, conlleva un análisis y un tiempo obligado al cual paso a continuación con un breve comentario como lo haría el mismo edificio de sí mismo dentro de su quietud material hacia el público que lo contempla y lo admira de cuando en cuando.

La ciudad de Palencia conserva escasa imagen ecléctica en su urbanística moderna Siglos XIX-XX, por lo tanto, el edificio de la Diputación es único en su género y al ser un edificio público propaga a todas luces su sello oficial despertando la admiración y encandilado del paseante turístico. Unas pocas palabras sobre él podían describirle superficialmente como un conjunto arquitectónico que combina la piedra natural con la piedra artificial casi blanca y con el ladrillo rojo recreando un comportamiento variado y rico en colorido y que junto a la recargada ornamentación le valoro como un edificio suntuoso abigarrado de claroscuros y original. Pero yo voy algo más lejos que la valoración formal y con más razón por ser una obra palentina. La comparo ficticiamente con un auténtico cuadro de Historia, genero pictórico que se impuso en la España del segundo y último tercio del siglo XIX. El conjunto trata de reproducir el pasado glorioso español con cierta intencionalidad propagandista en una clara actitud abierta a lo ideológico. El artista trató de plasmar un sentimiento de patriotismo y un culto a lo heroico con cierto espíritu romántico y un primoroso matiz oficial necesariamente vinculado al poder central. Su raíz se halla en ese eclecticismo estilístico y en ese historicismo representante en sus numerosos relieves y figuras. Trata de sustituir al pasado eclesiástico y al fervor religioso sustituyendo con su carácter histórico y con su tendencia al simbolismo mitológico en la gloriosa estampa del Renacimiento.

Fuentes Bibliográficas del presente trabajo presentado en junio del año 1992 en la UNED de Palencia:

-*Diccionario de Arte y Arqueología*. Fatas y Borrás. Alianza Editorial.

-*El Palacio de la Diputación Provincial.* María Valentina Calleja González. Junta de Castilla y León.

-*Castilla y León*, de Juan Agüero. Editorial Mediterráneo.

-*Guía turística de Palencia y su provincia.* Valentín Bleye. Diputación Provincial

-*Publicaciones de la institución Tello Téllez de Meneses. Tomo número 59.* Artículos de la Diputación Provincial.

-*Historia de Castilla y León.* Carmelo Romero Salvador. Editorial Ámbito.

-*Historia de Palencia.* García Colmenares y otros. El Norte de Castilla.

-*Renacimiento y Manierismo en España.* Miguel Ángel Castillo. Historia del arte tomo 16.

Relato número 30

Otro nuevo relato que preparé para mandar a los concursos literarios de Mazarrón y que se quedó como un borrador a punto de ampliar literalmente, en espera y en cartera.

EN EL PAÍS DE LOS CUENTOS

Era un día cualquiera del mes de diciembre del año en curso. La pálida quietud de la tarde tenía la densidad de un día infernal. Se avecinaba una larga y cruda tarde que me invita a permanecer en mi apartamento. La habitación está más o menos caldeada y cerrada al cobijo de las manifestaciones climáticas y con una calefacción moderada.

Estas maneras precisas de no ver el sol en todo el día con una niebla húmeda, fría y gris por la cencellada caída de la noche anterior sin atisbos de no levantar su carga blanca y helada son propias del tiempo y dan un frío invernal al ambiente.

Por otro lado, una ráfaga fija de luz artificial ilumina en escorzo mi libreta en blanco hasta ahora, y sigo dando rienda suelta a mi imaginación escribiendo lo que me venga en gana.

En estas páginas y en este país de cuentos o más bien de cuentistas me gustaría nombrar de corrido todos los sucesos y a todas las personas que nos dejan sus características positivas o negativas en las comunicaciones que nos manifiestan a diario.

Muy cierto, parece que soy de otro planeta, contaré otra historia diferente para el recreo de mi mente. Por cierto, van llegando de todos los rincones informativos los famosos viajeros de mi cuento, no conozco el país de las maravillas, ni tengo el cuerpo casi perfecto de James Bond. Tampoco el pelo rubio y la jeta de Gerard Pique, ni los ojos azules de Robert Redford, ni canto con la voz lírica de Luciano Pavarotti. Me parece que vengo de otro planeta, pero soy un personaje normal de esta historia a contar, ¡la llamada realidad! Quisiera que las princesas que juran la Constitución en su mayoría de edad fueran elegidas por el pueblo y no pasearan en coches de lujo por la calle principal. Quisiera que las nuevas princesas besaran, nunca a las pegajosas ranas si a los obreros de verdad para convertirlos en hombres con dignidad y solventes para vivir en ganada comodidad. No quiero políticos faltones, sin estilo, sin moralidad sean de la ideología derecha o de la izquierda. Quiero ser un hombre de verdad, aunque sea feo y ogro como Shrek que se jugó la vida por su amada Fiona. O un loco escritor de novelas caballerescas como Cervantes para contarnos *Don Quijote de la Mancha* que pelea con los grandes molinos casi a diario por conseguir dulces miradas de su amada Dulcinea. No quiero leer por enésima vez el cuento de los 7 enanitos con su adorada Blancanieves que atenta contra la incapacidad intelectual. Tampoco quiero sufrir como Garbancito perdido en los bosques, sin casa, sin hogar. Para nada necesito palacios ni castillos con numerosas habitaciones difíciles de calentar. Me vasta ser como la Bestia que ame con la fuerza descomunal a la Bella hasta la eternidad. No quiero los fieros dragones de la película Juego de Tronos, ni las hadas madrinas de cuentos sin piedad, ni tampoco pócimas ni hechizos de amor que me solucionen mi felicidad. La felicidad la tengo yo muy dentro y la aprendo buscando día a día su magia interior. Felicidad que se puede romper y hacerla pedazos si la salud se va, si la amada no nos ama de verdad, si otros malvados irrumpen con despropósitos, con sus guerras y con sus fanatismos y su afán de grandezas y poder, con la torpeza de dictaduras sin piedad, y no digo nombres porque los hay a tirar. Quiero vivir en un planeta verde, florido, con muchas abejas y llenas de paz, de concordia y respeto a la vida con naturalidad. Quiero contar un cuento de prácticas sanas y muy cercano a la realidad, alejando de mi entorno las puras fantasías, las promesas sin poder realizar. Quiero el respeto y la verdad, para mí y los demás. Quiero que la vida humana se divida en cuatro partes fundamentales; amar, sufrir, luchar y vencer y por solución, el que ama sufre, el que sufre lucha y el que lucha vence.

Finalmente quiero ser en mi cuento un príncipe benévolo que dé igualdad de oportunidades a todos y a todas y que nazcan donde tengan su santa voluntad, aunque me llamen con desprecio;

-Eres un ser extraño y de otro planeta. Y, con esas palabras hirientes me crucen la cara por mirar hacia atrás.

El Príncipe Valiente

Relato número 31

CUESTIONARIO DEL ESCULTOR VICTORIO MACHO

Un relato interesante y cultural que nos ofreció la Escuela de Adultos de San Jorge en Palencia con motivo del aniversario de este gran escultor palentino. Este relato o cuestionario nos sirvió de verdad para descubrir el verdadero artista palentino con preguntas escogidas y a modo de concurso de aciertos. Había premio para el ganador de todos los aciertos y si había varios acertantes un sorteo. A saber, quien se llevó el premio, que lo haya disfrutado conociendo mejor a Victorio Macho.

A modo de introducción.

Escultor palentino y español precursor de la escultura contemporánea española. Nació el 23 de diciembre del 1887 Palencia y murió el 13 de julio del 1966 en Toledo. Añado este cuestionario que se realizó en la escuela de adultos San Jorge con motivo del aniversario de escultor.

Son 50 preguntas con sus respuestas correctas, con alguna dificultad añadida para dar al concurso algo de emoción. pero el ejercicio original consistía en cuatro respuestas por pregunta y había que señalar la correcta para entrar en un concurso organizado. En este caso solo trascribo las respuestas que son las válidas para completar el cuestionario.

Preguntas en n° de cincuenta y sus respuestas correctas, se omiten las respuestas incorrectas.

N° 1 Victorio Macho nació en la calle palentina de los Herreros, actualmente como se llama esta calle?

R- Calle Colón.

N °2 ¿Cómo se llamaba su primera esposa?

R- María Martínez de Romasati. La segunda esposa Zoila Barros Conti.

Nº 3 ¿Cuál era la profesión de su padre?

R- Ebanista

Nº 4 En su época de estudiante de Madrid le apodaban el…

R- El Selvático.

Nº 5 ¿En qué ciudad falleció Victorio Macho?

R- Toledo.

Nº 6 ¿En qué lugar concreto está enterrado Victorio Macho?

R- Bajo el Cristo del Otero, en la ermita.

Nº 7 Su primera exposición personal y antológica de sus obras fue en el Museo de Arte Moderno de Madrid en el año...

R- 1921.

Nº 8 ¿Cómo se llama el museo de Victorio Macho en Toledo?

R- Roca Tarpeya.

Nº 9 Que tendencia artística predomina en los primeros años el artista?

R- Realismo.

Nº 10 De las siguientes esculturas una es característica de su primer momento artístico.

R- Torso Gitano.

Nº 11 ¿Cuál de las esculturas es característica de su madurez artística?

R- La Madre.

Nº 12 En los jardines de Pereda de Santander esta su fuente monumento dedicado a:

R- José María Pereda.

Nº 13 Su última etapa toledana aparece dominada por el:

R- El Cubismo.

Nº 14 Para esculpir su famosa obra *La Madre* utiliza, mármol, caliza y…

R- Granito.

Nº 15 Según el profesor J.C Brasas su obra maestra es el monumento:

R-El Cristo del Otero, con 21,02 metros e inaugurado el 12 de junio de 1931.

Nº 16 Una de estas obras suyas está en el Retiro madrileño.

R- Benito Pérez Galdós.

Nº 17- ¿En qué año se coloca en la Plaza Mayor de Palencia el monumento que hizo a Alonso Berruguete?

R- 1963.

Nº 18 ¿Qué régimen político había en España cuando se inaugura el Cristo del Otero?

R- Segunda República, 1931.

Nº 19 ¿Cuál de estas obras suyas prohibió reproducir Victorio Macho?

R- *La Madre*.

Nº 20-Su obra *Acorde en Piedra* es una composición de tipo.

R- Modernista.

Nº 21- ¿Con que escultura participó Victorio Macho en la XIV Exposición Bienal de Venecia?

R- *Hermano Marcelo*.

Nº 22 ¿Con cuál de estos monumentos se aproxima V. Macho al cubismo?

R- Jacinto Benavente.

Nº 23 Concepción constructivista y poscubista tiene su monumento en…

R- Berruguete.

Nº 24 ¿En qué lugar de Palencia quería Victorio Macho colocar la escultura de su hermano Marcelo?

R- En la Catedral.

Nº 25 ¿Cuál de estos artistas ha seguido su línea escultórica?

R- Pablo Serrano.

Nº26- Al ingresar Victorio Macho en la Real Academia de Bellas Artes de Madrid, dona a la Academia una obra de una cabeza de bronce de:

R- Unamuno.

Nº 27 ¿A qué guitarrista español modeló en una de sus esculturas?

R- Andrés Segovia.

Nº 28 Según los estudiosos, lo mejor de su obra se enmarca en una moderna figuración geometrizada de signo.

R- Estilo Modernista.

Nº 29 ¿A quién de estos presidentes americanos esculpió?

R- Belisario Porras de Panamá.

Nº 30 ¿Qué ciudad le nombro hijo adoptivo?

R- La ciudad de Toledo.

Nº 31 ¿En qué año regresa a España de su exilio Victorio Macho?

R- En el año 1952.

Nº 32 ¿A qué dirigente del partido Comunista de España esculpió un busto?

R- A Dolores Ibárruri.

Nº 33 Una de estas obras se quedó en proyecto.

R- Monumento al Perú.

Nº34-En 1925 se inaugura en Guetaria su monumento.

R- Juan Sebastián Elcano.

Nº 35 Una de estas obras suyas no está en el Retiro de Madrid.

R- Marcelino Menéndez Pelayo.

Nº 36 Su obra Eva de América está en la ciudad de:

R- La ciudad de Toledo.

Nº 37 Su famoso *Cristo de bronce* está en el templo de:

R- Los Corrales de Buelna en Cantabria.

Nº 38 No llegó a hacerse en escultura el boceto que realizó para el monumento de:

R- El Cura Merino.

Nº 39 ¿Cuál de estas obras suyas o reproducciones no está en Palencia?

R- Ramón Carande.

N°40 Yo soy tan republicano como usted le dijo a Victorio Macho ¿a qué rey?

R- Alfonso XIII

N° 41 A pesar de tener su mascarilla funeraria, no realizó la escultura de:

R- Santiago Carrillo.

N° 42 En la ciudad colombiana de Cali está su monumento al conquistador español

R En bronce a Sebastián de Belalcázar.

N° 43 A Victorio Macho se le considera el escultor más próximo e identificado con.

R- El Cubismo.

N° 44 De las obras robadas en Roma en 2016, no ha sido recuperada.

R- El Autorretrato.

N° 45 Un discípulo suyo con obras en Palencia es:

R Luis Alonso Muñoz director de la escuela de arte de Palencia.

N°46 En Bogotá está la escultura fuente dedicada a:

R- Rafael Uribe.

N° 47 En una rotonda de Palencia se encuentra una reproducción de uno de sus proyectos que no llegó a realizar.

R- *El Campesino Ibérico*.

N° 48 El monumento al almirante Grau, El Libertador, está en...

R- La ciudad de Lima.

N° 49 El gobierno español le concede la Gran Cruz de Isabel la Católica en el año.

R- 1964.

N° 50 El comisario coordinador de la exposición *Victorio Macho cincuenta años después*, del verano del 2016, ha sido.

R- Rafael Martínez.

Relato número 32

Relato con motivo de la muerte de uno de nuestros más significantes atletas palentinos. El relato lo ofreció en lectura nuestro compañero Carmelo, corredor veterano, llamado "el de la pluma" pues en sus buenas y triunfantes carreras siempre portaba una pluma enlazada en su larga melena. Carmelo relató este escrito al final de la homilía celebrada el día de su funeral en la iglesia de Santa Eugenia de Becerril de Campos y me dio su consentimiento para trascribirla en su recuerdo.

DESPEDIDA DE NUESTRO MEJOR CORREDOR

Don Mariano Haro Cisneros falleció en Palencia el día 27 de julio de 2024 a los 84 años.

Su apenada esposa María del Carmen Carrasco Álvarez hijos María, María Cruz, Mariano Haro Maeso y José Antonio Arroyo Carrasco hija política Inmaculada Sánchez, nietos Vicente, Jorge, Inma, Paula y Mariano hermanos Celia, Emiliano, Carmela, Visi, y Pepe ya fallecido, Alicia Haro Cisneros.

El funeral se celebró el domingo 28 de julio a las 18:00 h de la tarde en la iglesia parroquial de Santa Eugenia de Becerril de Campos y a continuación la conducción del cadáver al cementerio de dicha localidad.

Al acto fúnebre acudieron todo el pueblo de Becerril, familia, amigos, atletas y numerosas autoridades de Palencia.

HOMENAJE A UN PALENTINO AL QUE EL CORRER FUE SU ESTILO DE VIDA.

Hoy yo les cuento la historia de un palentino increíble que corrió desde muy niño y de mayor fue imbatible.

Naciste para correr corriste cuando pudiste y según cuenta la historia de maravilla lo hiciste.

Corriste detrás de liebres de conejos de perdices y después ya como atleta muchos triunfos tú nos distes.

Siempre soñaste triunfar porque la vida es un sueño y triunfaste en atletismo y de triunfo eres dueño.

Tú corrías por los campos por pistas y donde fuere y degastes tu esa huella la huella que nunca muere.

Es tan profunda la huella del León de Becerril que en la historia vivirá, aunque siglos pasen para mí.

Corrías con pies y cabeza lo hacías con gran destreza fuiste siempre atleta limpio de los de raza y pureza.

Mariano Haro Cisneros una atleta irrepetible corrió con estilo propio su figura inconfundible el atletismo actual hoy se siente satisfecho de haber tenido un atleta que siempre dio el do de pecho.

Se ha marchado un gran atleta y se nos va un ser humano se presentó en primavera y se despide en verano.

Mariano Haro Cisneros un hombre como ninguno él nació en el siglo 20 y se va en el 21.

Te marchas el año olímpico te vas con medalla de oro la ganada en esta vida con trabajo y con decoro.

Qué grande ha sido Mariano y siempre grande serás, aunque dice que te ausentas con nosotros siempre seguirás. Becerril será distinto, pero siempre recordado por el nombre de un atleta que ha dejado un gran legado.

Hasta siempre Mariano gracias por todo y, por tanto.

Carmelo

Por último y relacionado con este gran atleta, el día 22 de septiembre de 2024 se hace la octava edición de la carrera homenaje a Mariano Haro en su pueblo natal de Becerril de Campos.

Los 10.000 de Mariano Haro, con salida a las 11,30 horas, para todas las categorías, organizada por la Diputación de Palencia.

Por otro lado, la Diputación de Palencia concede por unanimidad la Medalla de Oro de la Provincia al fondista recientemente fallecido Mariano Haro Cisneros en septiembre del año 2024.

Relato número 33

El motivo primordial de este relato es dar a conocer a grandes rasgos mi labor como voluntario de una gran Organización Mundial como lo es Cruz Roja, y algunas de mis experiencias vividas. Son veinte años de prácticas y experiencias en la entidad hacia un colectivo social y vulnerable, son dignas de recordar algunas y escribir para que conste en los relatos del día a día.

SOY VOLUNTARIO DE CRUZ ROJA

El voluntario en Cruz Roja es un acto desinteresado que consiste en dedicar una parte de mi tiempo libre y de mi energía a la ayuda de los demás, a las personas más vulnerables. Tengo en cuenta que las diferentes actuaciones donde el voluntario puede ejercer en la vida social son:

Diferentes ámbitos de la actuación voluntaria y así lo describe la Plataforma del Voluntariado en Palencia formada por 21 asociaciones, cuyo objetivo es visibilizar las acciones que prestan servicio a las personas con el fin de mejorar su calidad de vida y su bienestar social y aunar las diversas entidades sociales.

Voluntariado social.
Voluntariado Internacional.
Voluntariado ambiental.
Voluntariado cultural.
Voluntariado deportivo.
Voluntariado educativo.
Voluntariado sociosanitario

Voluntariado de ocio y tiempo libre.
Voluntariado comunitario.
Voluntariado de protección civil.
Voluntariado religioso.

Listado de la Plataforma Voluntariado Palencia:
ACLAD. AECC. ADECAS. AFACYL. ACREMIF.
CASP. AUTISMO PALENCIA. ASECAL. Centro Juvenil
DON BOSCO Villamuriel. COCEMFE. CRUZ ROJA. FUN-
DACIÖN SAN CEBRIÁN. MUNDO AZUL PALENCIA.
ASPANIS. FUTUDIS. TDA-H PALENCIA. ASOCIACIÓN
PAVIA. CENTRO ASISTENCIAL SAN JUAN DE DIOS
PALENCIA. SANTA MARÍA LA REAL. HERMANAS HOS-
PITALARIAS PALENCIA. CENTRO VILLA DE SAN JOSÉ.

Mi trabajo como voluntario lo he desarrollado en Cruz
Roja y dentro de la ONG en diferentes áreas, como fue la atención a personas mayores o a niños, Pongo todo mi apoyo y motivación en la atención psicosocial y cultural en la educación, mi
asistencia en recaudar fondos, en la promoción para la inclusión
social de los inmigrantes y los colectivos marginales.

Los voluntarios de Cruz Roja somos, (eso nos dicen) un
pilar fundamental y en colaboración con las instituciones públicas para la participación en labores de asistencia a personas mayores, los enfermos y las victimas de accidente, así como la in-
serción social de inmigrantes abandonados, tenemos programas
de atención a las víctimas de violencia doméstica o de género.
Allí donde no lleguen las ayudas públicas estamos nosotros, los
voluntarios.

Al formar parte de los equipos de Cruz Roja he contri-
buido con decisión libre y de manera significativa al bienestar de
mi comunidad y al desarrollo de una sociedad más justa y solida-

ria. Además, esta experiencia como voluntario me ha permitido crecer personal y profesionalmente, he ampliado mi red de contactos y puedo y debo trabajar en equipo para desarrollar mis habilidades sociales que podré aplicar en otros ámbitos de la vida.

De esto hace ya casi veinte años que me embarqué en la experiencia gratificante de ser voluntario de Cruz Roja y pocos años después también como socio. Tuve que pasar obligatoriamente para ser voluntario por todos los requisitos necesarios para ser de pleno derecho.

Fue la trabajadora social y técnica llamada Marta la que me permitió acceder según mis habilidades, intereses, experiencias en la vida y mi tiempo libre para aprender y hacer mejor mi contribución y fijar los objetivos a realizar como voluntario. Sus consejos en las primeras entrevistas fueron fundamentales para organizar mi formación y mis futuras actividades como voluntario. Seguramente que mi experiencia de vida, mi empatía y mi interés en el trabajo de equipo me ayudó a la hora de trabajar mejor en las actividades programadas y especialmente con algunas personas y diferentes colectivos.

No hace falta ser un dotado para realizar la gran mayoría de las actividades de Cruz Roja, pero si hay que tener un perfil y un carácter peculiar para ser un buen voluntario como los numerados a continuación. Participativo. Comprometido. Capacitado. Motivado. Disponible. Polivalente y Grupal. Y todo esto se mejora con el tiempo y con las ganas de hacerlo bien.

Tengo que confesar que he pasado a desarrollar y participar lo mejor que puedo en casi todos los Planes, Proyectos y Programas con iniciativa propia y de manera positiva con las prácticas presenciales en casi todas las demandas que me solicitaban desde la Asamblea de Palencia, lo cual estoy muy orgulloso de ello.

Entonces tras rellenar la confirmación, la entrevista personal, el acuerdo de incorporación, la firma del contrato fue de inmediato mi participación como voluntario.

En principio había que realizar una formación obligada con un curso presencial, ahora se hace *online* el llamado curso F.B.I. formación básica institucional. Se hacia los fines de semana con 8 o 10 horas de formación presencial en la sede provincial. En este curso teórico aprendíamos de primera mano el origen en La Batalla de Solferino 1859 y el nacimiento de Cruz Roja 1862, conocer a su fundador Henry Dunant, la historia y su evolución en cifras y letras de los Siete Principios Fundamentales de Cruz Roja: Humanidad. Imparcialidad. Neutralidad. Independencia. Voluntariado. Unidad. Universalidad.

En Cruz Roja hay dos tipos de formación básica.

Primero, además del FBI, conocer los valores, la estructura organizativa, los principios éticos y las normas de conducta que se espera de nosotros los voluntarios de Cruz Roja.

Segundo los conocimientos específicos para centrar las habilidades técnicas relacionadas con el área que hayamos elegido.

Hay otras formaciones que se imparten a la demanda de los voluntarios y usuarios.

Un breve recorrido por los principios de mi actividad como voluntario. Mis primeros movimientos los realizaba los fines de semana, previo un curso de habilidades y normativas técnicas para el traslado y la fijación de las personas mayores al vehículo especial, el llamado transporte adaptado. Eran horas puntuales para recoger personas con cierto grado de dependencia, la gran mayoría de personas en sillas de ruedas que había que transportarlos desde su casa a los Centros de Día correspondientes, subirlas al microbús y sujetar la silla de ruedas a las barras fijas del vehículo y depositarlas en el centro asignado. Por la tarde volver a recogerlas y dejarlas en su vivienda habitual con un familiar que les esperaba en su parada. Así estuve una larga temporada con esa actividad y conocí bastante gente mayor, incluso llegué a contactar con personas conocidas de la ciudad de Palencia.

También realicé esta misma actividad con niños problemáticos para llevarlos al centro de acogida, Carre chiquilla. Esta actividad me daba mucha pena ver su estado de incapacidad, pero realizaba mi labor con humor y motivación, aunque a veces me encontré con algún susto como el que me dio Belinda.

En la actividad o el proyecto de teleasistencia domiciliaria permanecí en los trabajos de equipo, mantenimiento y visitas viajando por la provincia de Palencia. Fue una larga temporada asistiendo y visitando a los usuarios periódicamente.

Siguiendo con el programa de Personas Mayores, pasé por las actividades que recuerde; Talleres intergeneracionales; visitas a personas hospitalizadas; abuelos en el cole; formación de voluntarios; abuelos en la red, ayuda a domicilio complementaria.

Siempre que me llamaban para alguna baja o actividad, allí iba yo con mi voluntariedad y mi chaleco rojo, a cumplir con mi deber de voluntario.

Con el tiempo y mis experiencias de voluntariado me volqué a la formación en Cruz Roja. Tuve que realizar el curso de formador y con fuerza de voluntad fui dando cursos. Primeramente, empecé la formación de nuevos voluntarios con el curso del FBI, (formación básica institucional.

Por otro lado, para dar a conocer la Cruz Roja a jóvenes estudiantes se preparaban charlas formativas o de interés general en colegios e institutos de la ciudad y de pueblos de relevancia.

En estos últimos años también he dado y doy si me necesitan los cursos de español a Inmigrantes y por último imparto las clases de gimnasia de mantenimiento y de memoria a personas mayores en el centro prestado del Centro San Juanillo con numerosos alumnos que van la mar de contentos.

Seguramente que olvidé alguna de mis actividades como voluntario sin querer, pero todo lo que hice, lo que hago y haré si la salud y el tiempo me da, lo hice con actitud positiva y solidaria, con espíritu de sacrificio, con desinterés y con el compromiso de un voluntario. Que por cierto a veces me aportan más satisfacción ellos los usuarios que yo a ellos.

Ser voluntario de Cruz Roja o de otra institución de voluntariado sin ánimo de lucro conlleva un compromiso a largo plazo importante, nos comprometemos con el trabajo de voluntarios y lo realizamos de manera responsable y constante, lo mejor que podemos. También es verdad que en los tiempos actuales cuando estamos con nuestros alumnos, con nuestros mayores, con nuestros agradecidos usuarios no nos duelen nada, estamos felices y contentos para dar buenas sensaciones a la gente que nos necesita.

La colaboración a largo plazo es fundamental para lograr un impacto positivo en las comunidades y las personas a las que ayudamos como voluntarios. Mantenemos la comunicación abierta y fluida con nuestros coordinadores, técnicos y demás compañeros y no dudamos en solicitar ayuda o la formación necesaria para compartir las preocupaciones y las sugerencias que surjan para hacer lo mejor posible.

También por qué no, tenemos nuestros beneficios los voluntarios. Ser miembro de una Organización Mundial como lo es Cruz Roja alimenta nuestro orgullo y nuestra satisfacción personal. Somos una pequeña parte de la solución ante las necesidades de las comunidades más vulnerables frente a la opulencia de unos pocos. Y, de vez en cuando tenemos algunos reconocimientos sociales y por supuesto, siempre la formación continua en valores y sentimientos humanos.

En otro orden de asuntos, el tiempo que dedicamos a las

actividades de voluntariado nos lo quitamos de nuestro tiempo libre y personal, supongo que es de agradecer. Sin embargo, hay personas incluso familiares directos que lo ven desde otra perspectiva, el tiempo que dedicamos a estas actividades podíamos hacer más voluntariado con nuestros seres queridos, ayudas y visitas más continuas y prolongadas a la familia, incluso más dedicación a los nietos que estos siempre nos demandan nuestro tiempo, como se aprecia en nuestros entornos más directos. Y, la verdad que en parte tienen sus razones para pensar de esta manera.

Relato número 34

De nuevo otro relato más para el conjunto de las recopilaciones de mis relatos del día a día, o del año tras los años. Yo creo que si a las personas les gusta escribir pues deben escribir todo lo que perciban en su consciente, incluso en sus sueños si se es capaz de recordar a la mañana siguiente, sea real, sea ficticio, sea bueno o sea menos bueno. Algo se aprenderá con la práctica, con las repeticiones. Buena idea sería hacer caso de los consejos, de los profesionales de la escritura para avanzar, para evolucionar en alguna dirección acertada y de cierto estilo literario.

Por consiguiente, el siguiente relato le mando de nuevo a un concurso, Concurso de cuentos Villa de Mazarrón para difundir y para ser leído si de verdad apetece.

EL ABUELO JULIÁN SE CASÓ POR FIN

Esta corta historia hay que conocerla en sus pequeños detalles para tener una plena visión general del por qué se casó el abuelo a sus largos años, del por qué el abuelo Julián nos cuenta su feliz historia sin esperar más tiempo de lo necesario para no olvidar, en su conjunto, a la soledad no deseada de los mayores.

La verdad que el abuelo Julián era un personaje peculiar y con un carácter más sencillo que el mecanismo de un chupete, con suficientes rasgos de timidez y de humildad hasta él no va más y para no querer olvidar. También hay que destacar que Julián era un personaje dichoso con paciencia demostrada y cariñoso en su trato diario. Quedó viudo siendo demasiado temprano y se hartó de vivir en la soledad no deseada y sin la compañía de una compañera para compartir su venturosa vida, la de antes y la de ahora. A él le resultaba triste y doloso su nueva situación familiar.

Por ende, El abuelo necesitaba una mujer con alguna afinidad o similitud en común que llenase sus noches temerosas, necesitaba calor humano y mucho amor para prolongar sus ganas de vivir. Hasta ahora su vida había sido profunda y activa. Nunca se dejaba sorprender, fue siempre un deportista nato, destacando en numerosos deportes. Un estudiante eterno de la historia y de las humanidades generales. También fue un trabajador incansable participando en numerosos oficios manuales. Lo mismo cogía una paleta de albañil para levantar muros que manipulaba un juego de herramientas para destripar las máquinas y los aparatos caseros averiados y con su arreglo darles un segundo uso en el hogar más cercano. Se diría de él que era una persona práctica con muchos oficios, un *semeteentodo* y en definitiva siempre fue un voluntario seguro.

En otro lado de la moneda, al abuelo Julián se le consideraba rico en asuntos familiares, así como en las crónicas sociales. Sólo con hablar con él por primera vez ya te caía bien, debía ser por su carácter amable, bondadoso y siempre con su característico buen humor. Los niños en general y sus cinco nietros en particular adoraban al abuelo, él se dejaba querer. Pese a sus años tiene tiempo para todos y todas, siempre está dispuesto para ayudar y estar donde se le reclama. Tiene todo un carácter voluntarioso, jamás deja un asunto o un proyecto sin resolver, todos los trabajos que empieza los termina e intenta que sean los mejores realizados en su entorno social o familiar.

El abuelo según Hacienda, que somos todos, pertenece a la clase media trabajadora y paga religiosamente sus impuestos sin protestar ni quejarse. Tiene también sus sufridos malestares y siente empáticamente, la dependencia económica de numerosas mujeres, de las viudas que ven mermados sus ingresos al quedar solas, de las familias que no llegan a fin de mes, se aleja del que dirán, lo que piensen de él los demás no es su problema. No soporta los fanatismos, ni religiosos, ni políticos, ni deportivos, siempre se decanta por los más débiles en la pugna.

Pese a los años el abuelo Julián le cuesta dejar sus antiguas aficiones o sus hábitos deportivos. No puede renunciar fácilmente a su club de lectura, a sus clases de yoga y pilates, a su gimnasia de fuerza o a su trote casi a diario. Él se mantiene en forma y es su filosofía, su manera de vivir.

Por otro lado, aunque le gustan las películas del oeste, las bélicas, y las policiacas con acción desmesurada, no necesita el alcohol para mitigar sus escondidas depresiones, ni ansiolíticos para combatir la ansiedad, ni pierde el apetito por nada, ni sueña con extraños viendo las películas raras, tampoco se asusta ni pierde el sueño con pesadillas, pues sabe por experiencia añadida que la realidad de las noticias cotidianas supera a las ficciones de los guiones escritos y todo ello son mentiras rodadas. Lo memorable resultó que el abuelo es como un niño mayor que intenta reparar a diario su vida rota.

Desde hace añosen el interior de su corazón, Julián desea una esposa, una compañera a tiempo completo, quiere casarse de nuevo.

El abuelo sintió por enésima vez el peso de sus años, hacía tiempo que entró en la década de los sesenta, aunque en el fondo se siente como los de cincuenta, con un espíritu joven y un cuerpo fibroso, sano y llevadero.

Julián en el día a día anotaba reflexionando en su diario personal que los amantes o las parejas estables para un hombre de su edad nos son fáciles de conservar y resultan escasas las parejas unidas por lo complejo que resulta coordinar dos vidas tan diferentes. Siendo viudo por naturaleza buscaba con tesón una pareja para completar su felicidad, para llenar nuevas páginas de aventuras y recopilar buenos recuerdos. Al abuelo muy adentro de su vida atareada y social le dormían latentes las pequeñas esporas del amor en su interior a punto de aflorar y no se resignaba a perder las buenas oportunidades que le ofrecía el destino en bandeja de plata.

Con el tiempo y en la soledad no deseada el abuelo echaba de menos los abrazos efusivos y a diario, el calor nocturno de la pareja, los aportes de intimidad, de respeto y confidencias, porque no, también echaba de menos el sexo compartido.

A Julián de repente le llegó su buena oportunidad. Un día cualquiera de un año de estos. La sensación realista de su soledad se disipó al momento, fue como un rayo de luz mitológico. Por fin obtenía de buenas maneras una gran compañera de su misma edad, de caracteres y afinidades similares a él para una buena y sana convivencia. Como dos jóvenes amigos se conocieron a primera vista. En esta relación, había muchas coincidencias culturales y sociales para poder entablar una pareja consentida. Las personas maduras en edad también se dejan abrazar por el insigne Cupido y se enamoran de verdad y que conste que se lo merecen.

Quien tuvo la culpa de este feliz encuentro fueron las circunstancias a relatar a continuación. Hubo una labor de equipo y solapada sin ánimo de lucro. Actuaron de celestinas mayores una hija por el lado varonil y una hermana por el otro lado femenino. Conversaciones y confidencias en los descansos laborales con cafés endulzados donde se fraguaron las citas, los conocimientos y los nuevos teléfonos añadidos a los contactos móviles.

También tuvo algo de culpa para ese inesperado encuentro de pareja la propia cultura que tanto agrada a las personas de buena condición. Un libro escrito por parte del viudo fue el detonante para un regalo y su lectura por la parte femenina. El libro culpable aparte de sus buenas intenciones literarias y cientos de páginas para leer con deleite incluía dedicatoria, teléfonos mutuos, el impacto del agradecimiento y el acuse de recibo. Atrás quedaron las aplicaciones modernas, las nuevas herramientas de contactos, los impersonales y fríos mensajes del correo y demás menesteres informáticos.

El encuentro de un abuelo con una abuela fue altamente positivo y formal, como se corresponde con el antiguo método clásico de los encuentros y de las personas positivas, tolerantes y respetuosas. El acto en sí fue digno de narrar para poder afrontar y recordar siempre una buena y primaria relación de pareja. En casi todos los principios de la amistad llegan las numerosas palabras con sinceras promesas y conocimientos mutuos, después si hay finís llega sin querer el amor, el enamoramiento y la admiración. Todo esto y mucho más aparece sin querer.

Como una pincelada narrativa Julián y María nos cuentan su primer encuentro presencial de corte romántico. Era un 13 de mayo de un año cualquiera cuando nos vimos por primera vez. Como testigos inanimados y sólidos fueron un banco rígido y tibio de una céntrica plaza pública frente a la majestuosa catedral gótica. Él estaba sentado como un despistado turista cuando apareció María con sus pantalones verdes y su jersey tricolor haciendo juego con una sonrisa expresiva preguntando:

-    Tú eres Julián.
-    Sí, soy yo y te esperaba.
-    Yo soy María, encantado de conocerte.
-    Besos en ambas mejillas para romper la musiquilla.
-    Ya que estamos aquí, nos sentamos un momento para presentarnos y tranquilizamos nuestros nervios.

No dejaban de mirarse y admirarse mutuamente.

Al cabo de una brevedad de tiempo, partieron andando, charlando con ánimos para tomar un aperitivo formal.

Volviendo al pasado del abuelo en cuestión, se aclaran ciertos paralelismos y coincidencias sociales del titular con sus ancestros, su abuelo se casó siendo viudo y tuvo dos maravillosas hijas después de los 65 años, su padre también se casó mayor siendo viudo con diferentes hijos y en el titular se repite la misma historia siendo viudo también, hubo casamiento, pero faltaron los hijos por la edad y por no tener necesidad de demostrar nada más.

Quizás en la misma reflexión del futuro, no se repitan los mismos detalles y es de lógica que no son las mismas personas pese a llevar la misma sangre y los mismos apellidos, pero tienen demasiados asuntos que se repiten en el tiempo y son comunes y recurrentes sin querer.

De entrada, Julián tuvo que ser crítico en la espera y en la elección de su pareja para evitar caer en los errores del pasado. Por eso el abuelo espero y espero y finalmente eligió la mejor para un enlace fantástico.

En ciertos países de la Tierra Madre y en las diferentes condiciones antropológicas, algunas personas se niegan a estudiar su propia historia y están condenadas a repetirla y los que la estudian están obligados a ver como se repite por culpa de los que no la estudian. Toda esta cultura de ámbito general puede pasar también en las familias de corte tradicional como se ve con frecuencia en el entorno de Julián.

Por otro lado, Julián y María llevan juntos más de cuatro años y siguen siendo una pareja con mucho empeño para ser felices, y tan sólo han de practicar a diario; el quererse mucho, el demostrar un respeto mutuo sin dejar de ser tolerantes, además se debe añadir la comunicación cotidiana de pareja en todos los asuntos personales que les rodea.

Ojalá que el destino les reserve buenos años de un amor incondicional y en los mejores de los casos que se vayan adaptando a su edad y a las condiciones físicas y externas, añadiendo como un premio a su constancia vital, que la salud no les abandoné en los años venideros para sean una pareja de verdad.

Y por fin el abuelo Julián se casó con la abuela María. No comieron perdices porque la perdiz está mejor en los campos libres, pero si fueron felices durante muchos años y bien merecidos lo tenían, ya que en tiempos anteriores con sus respectivas parejas no fueron muy felices por diferentes circunstancias pese a que se portaron bien en la obediencia, en la fidelidad y en la dignidad, sintiendo la perversa adversidad en sus cuerpos de los últimos años con una mala salud de la esposa y los engaños con mentiras compulsivas desde siempre que le rodeaban a la pareja por el otro lado del patrón.

En el momento actual nunca perdieron su libertad para seguir cuidando a sus parientes más próximos incluidos a sus adorados nietos que iban creciendo en valores personales e imitando lo bueno de los abuelos.

Julián espera del futuro que sea benigno con su enlace. Sin embargo, la pareja en su conjunto está satisfecha con la apariencia de sus lentos cambios físicos, y resignados por la inevitable evolución de sus mentes con los años adquiridos.

A esta nueva y linda pareja encontrada y recién casada el calor del sol les da la vida, la noche fría y oscura les da la muerte. El día está hecho para el trabajo, la noche oscura para el reposo y en estos contrastes de sol y sombra, de calor y frío, de trabajo y reposo consiste la constante renovación de la existencia humana, la pervivencia de la vida.

Así finaliza este relato de esta pareja singular, que no se repita la mala historia que les tocó pasar jamás, que Julián y María sean felices para siempre y por mi nada más que contar.

El mejor abuelo.

ÍNDICE

Libros Mablaz

Narrativa — Relatos

/www.librosmablaz.com/